高等学校服务设计系列推荐教材

丁熊 陈嘉嘉 主编

服务设计与可持续创新

Service Design and Sustainable Innovation

张军 编著

中国建筑工业出版社

图书在版编目（CIP）数据

服务设计与可持续创新 = Service Design and Sustainable Innovation / 张军编著 . —北京：中国建筑工业出版社，2023.10

高等学校服务设计系列推荐教材 / 丁熊，陈嘉嘉主编

ISBN 978-7-112-29112-0

Ⅰ.①服… Ⅱ.①张… Ⅲ.①商业服务—服务模式—高等学校—教材 Ⅳ.①F719

中国国家版本馆 CIP 数据核字（2023）第 170527 号

本书以可持续的概念和发展为出发点，深入探讨可持续性创新的概念和服务设计的基本原理，强调了可持续性创新的关键，并阐述了如何将可持续性理念融入服务设计的核心。本书还提供了丰富的案例分析和实践方法，帮助学生更好地理解和应用服务设计的可持续性价值。通过学习本书的内容，学生将理解如何将可持续性问题转化为服务设计目标，并化愿景为行动，从洞察身边现象做起，运用合适的方法工具来推动可持续创新，构筑满足商业、社会、环境可持续要求的系统性解决方案。本书适用于工业设计、产品设计等艺术类相关专业在校师生学习参考。

本书附赠配套课件，如有需求，请发送邮件至 cabpdesignbook@163.com 获取，并注明所要文件的书名。

责任编辑：吴　绫
文字编辑：吴人杰
责任校对：姜小莲

高等学校服务设计系列推荐教材
丁熊　陈嘉嘉　主编
服务设计与可持续创新
Service Design and Sustainable Innovation
张军　编著

*

中国建筑工业出版社出版、发行（北京海淀三里河路 9 号）
各地新华书店、建筑书店经销
北京雅盈中佳图文设计公司制版
河北鹏润印刷有限公司印刷

*

开本：787 毫米 ×1092 毫米　1/16　印张：11　字数：195 千字
2023 年 11 月第一版　2023 年 11 月第一次印刷
定价：**49.00** 元（赠课件）
ISBN 978-7-112-29112-0
（41791）

版权所有　翻印必究
如有内容及印装质量问题，请联系本社读者服务中心退换
电话：（010）58337283　QQ：2885381756
（地址：北京海淀三里河路 9 号中国建筑工业出版社 604 室　邮政编码：100037）

总 序
服务业由来已久，服务设计方兴未艾

服务设计通过人员、环境、设施、信息等资源的合理组织，实现服务内容、流程、节点、环境，以及人际关系的系统创新，有效地为个人或组织客户提供生活、生产等多方面的任务支持，为服务参与者创造愉悦的身心体验，努力实现多方共赢的商业和社会价值。

服务经济超越制造业的发展趋势，无疑是服务设计近年来备受关注的直接原因。但是，我们必须意识到，当城市形成的时候，服务就已经成为业态，餐饮、接待、医疗、教育都是有着古老传统的服务业，离开自给自足农村生活环境的城市居民，需要来自第三方多方面、多层次的物质和精神生活支持。这一点有如工业设计，尽管人类造物活动由来已久，工业设计却是在制造业迅猛发展的20世纪初期才发展成为一个完整的知识领域。随着全球范围内城市化进程的发展，以及新的通讯、物联等技术革命浪潮的推动，新的社会环境和新的技术条件不仅仅激发了很多新的个体和社会需求，也为需求的表达和满足创造了更加便利的条件，服务设计成为21世纪备受关注的重点领域有着充分的环境条件。

服务业虽然由来已久，近年来围绕用户体验和互联网产品的服务创新也为服务设计作为一个新的知识领域提供了充分的经验基础。然而，新的知识领域的确立需要有明确的对象、成熟的方法和稳定的原则。服务设计领域范畴的确立不是第三产业实践内容的归纳，而是对跨行业实践经验共性决策内容的抽象，比如说"流程、节点与体验结果之间的逻辑关系"。自从有了服务业，服务设计方法论也在不断积累的实践经验中得以总结。不同的是，不同的行业有各自不同的经验，不同的学术群体有各自不同的视角；每一种经验、每一个视角又有着各自的时代背景和历史使命。早期营销学或管理学视角的服务设计理念，注重通过流程再造，提高效率和利润；20世纪50年代开始，护理学领域开始提倡以病人为中心的护理理念，强调个人身体、心理以及社会性的全面健康理念，如今国际先进的医疗机构都已经把服务设计充分地融入到了其护理学科的学术研究和商业性的医疗服务。传统的设计学界关注服务设计相对较晚，1991年比尔·荷林斯夫妇《全面设计：服务领域的设计流程管理》一书的出版（Bill Hollins,"Total Design: Managing the Design Process in the Service Sector"），是设计学领域开始关注服务设计的标志性事件。同年，科隆国际设计学院（KISD）的厄尔霍夫·迈克尔（Michael Erlhoff）与伯吉特·玛格（Birgit Mager）开始将服务设计引入设计教育。卡耐基梅隆大学从1994年开始开设的交互设计专业，虽然没有以服务设计来命名课程，其专业知识体系的核心主题却是超越人机界面和跨越行业的"活动和有组织的服务"。以米兰理工大学为代表的"产品服务系统（Product Service System）"设计理念则是从环境可持续的角度希望通过服务有效减少物质资源的利用，提高环境效益。服务设计的兴起，不仅仅是设计学一个学科领域知识发展的结果，而是不同领域，不同行业，在不同的历史时期，不同的社会、经济和技术条件下，以不同的理念和方法参与社会生活的共同结果。

国内设计学领域的服务设计研究和教学起步较晚，但发展迅速。目前，全国已有数十所院校开设了服务设计研究方向或相关课程，起步较早的部分院校也已经形成了各自的服务设计行业应用特色，如江南大学、四川美术学院都在关注健康服务；清华美院在努力尝试公共服务领域的创新；湖南大学在社会创新设计领域成果卓著；同济大学2009年就和米兰理工大学达成了产品服务系统设计领域的联合培养计划；广州美术学院相对集中在产品服务系统设计和文旅服务设计领域；南京艺术学院则在产学协同、产教融合的合作中积累了服务设计在商业创新领域中的经验，等等。

2020年，北京光华设计发展基金会委托笔者组织国内外数十位学者、业界专家和多方机构代表，开发并发布了《服务设计人才和机构评定体系》。该体系针对不同层次的服务设计从业或管理人员，建立了DML分级服务设计教育标准体系：服务设计（Service Design）、服务管理（Service Management）和服务领导力（Service Leadership）。其中，"服务设计"层级通过对设计思维、服务设计概念、方法与工具等内容的理论学习，结合服务设计实践，建立对服务设计的基础认知，具备从事服务设计项目实践的能力；"服务管理"通过对服务驱动的商业创新、产品服务系统、服务管理工程等课程的学习，结合项目或企业管理经验，建立对服务设计与商业创新活动之间内在逻辑关系的认知，具备带领服务设计团队与项目管理的能力；"服务领导力"则通过对服务经济、公共服务、政务创新、社会创新等课程的学习，洞悉服务设计与社会价值创造的内在联系，建立基于社会视角的全局观和领导力，具备带领团队通过服务设计思维系统解决社会问题的能力。此外，"设计思维"作为独立的课程模块，是要求每一个服务设计师、服务管理或领导者，都应该了解的设计创造活动中思维和决策的共性特征，并以此为基础学会用批判的眼光去理解问题建构和设计决策的不同可能性，也包括理性地接受和批判不同的设计理念、方法和原则。

今次，欣闻广州美术学院丁熊副教授和南京艺术学院陈嘉嘉教授共同主编"高等学校服务设计系列推荐教材"，并获悉二位教授规划丛书时也参考了《服务设计人才和机构评定体系》中的服务设计 DML 能力架构体系。丛书中，《服务设计流程与方法》《产品服务系统设计》《服务设计与可持续创新》三本教材，通过对服务设计概念、方法与工具等内容的理论学习，结合服务设计实践，建立对服务设计、产品服务系统、可持续服务设计的基础认知，培养学生具备从事服务设计的基本能力。《服务设计研究与实操》《社会创新设计概论》两本教材，通过对服务驱动的产品创新、商业创新和社会创新，聚焦文化、商业和社会价值，培养学生基于管理视角的全局观、领导力和责任感，提升学生通过服务设计思维解决商业和社会问题的能力。系列教材的每一著作均会融入大量教学及产业服务设计实践案例，涵盖了健康、医疗、娱乐、旅游、餐饮、教育、交通、家居、金融、信息等各个领域，将理论方法与实践充分结合，为有意从事服务设计研究和实践的师生提供了很好的理论、方法和实践案例多方面的指导与参考。

服务设计既是新兴的第三产业设计实践活动，其决策的关键主题"节点、流程和体验结果之间的逻辑关系"又为我们在哲学层面理解广义造物活动提供了一个全新的视角。在尝试理解服务设计这一设计学新兴知识领域的同时，我们也应该意识到服务设计同样可以作为理解产品、空间和符号的特定视角。因此，我也希望丁熊和陈嘉嘉二位教授主编的"服务设计"系列教材不仅仅可以影响到关注服务设计的新兴设计力量，同时也能为尚未开设服务设计研究方向的院校师生提供一个其学科和职业发展的新的思路。

同济大学长聘特聘教授 / XXY Innovation 创始人
2022 年 7 月

前　言

建设和营造一个更可持续的社会是当今全人类共同面对的重要议题。

作为人与自然关系中最根本的要素，生态问题一直伴随人类的生存和发展。从 20 世纪 60 年代全球环保运动开始，生态瓶颈与环境保护的问题逐渐进入人们视野，经济发展受环境承载力制约的可持续发展思维渐成雏形，保护生态和适度发展的理念逐渐成为人类社会的主流价值之一。

随着环境问题的日益严重，可持续设计逐渐取得了广泛共识与社会关注，并成为当今设计界的主流话语之一。从联合国可持续发展目标到以生态文明建设为核心的中国可持续发展战略的演进和深化，为微观层面的可持续和生态设计研究与实践创造了良好的土壤。

设计应对可持续发展目标

2017 年，为全面响应全球可持续发展需求，世界设计组织（WDO）提出了设计应对可持续发展目标的设计倡议，重点针对其中 7 个目标阐述了设计的价值，提出了具体设计手段（详见 WDO 官网）。

目前在以可持续性为目标的设计领域，国内外的研究和实践已经从绿色设计、减量化设计和全生命周期设计等产品层面逐渐扩展到产品服务系统设计、社会创新设计和转型设计等系统层面。设计师从关注产品的生态可持续性到重点转向需求侧、可持续消费，同时重点不应放在减少设计的不良影响，而是改变现有的社会技术系统，例如进行绿色基础设施创新，以及如何变革消费经济，从基于线性所有权的模式（资源提取、制造、零售、家庭使用、废物流）到基于循环系统的创新，才能从根本上长久实现可持续性发展。

从未来角度来看，可持续性是指满足当前的需求，同时不损害未来世代的能力满足其需求。因此，服务设计师需要考虑设计对未来的影响，采用可持续的技术和材料，制定长期可持续的目标和策略，为未来留下更好的环境和资源。

从当下角度来看,可持续性是一种综合性的概念,需要考虑环境、社会和经济三个方面的因素。服务设计师需要考虑当前社会和经济的情况,制定可持续性目标和策略,使其在保障商业利益和用户体验的同时不影响环境的可持续性。

实现可持续性需要服务设计

实现可持续性目标的确需要在设计中做出一些改变,而不是仅仅将用户体验和商业利益作为设计的第一目标。服务设计可以采用以环境为目标的设计方法和策略,以确保可持续性的考虑得到充分体现。服务设计不仅仅关注商业和体验需求,也考虑到了可持续发展的方面,通过参与具体的项目规划、设计到执行,在价值导向上具有促进可持续发展的可能性,在实践层面则通过提供可持续性解决方案,为经济、社会和环境方面带来积极影响。简单来说,服务设计可以通过以下几种方式与可持续发展相关联:

(1)社会可持续性:服务设计可以确保服务解决方案是基于社会可持续性的。具体而言,在社会设计的视角下,服务设计不仅需要考虑如何对社会造成影响,例如如何支持公共利益,如何考虑社区的需求等,它更是一种致力于社会创新和公共价值的设计实践。

(2)环境可持续性:服务设计可以考虑如何降低服务流程中的环境影响,例如减少资源消耗,减少废弃物的产生等,可以通过考虑融合循环经济、低碳排放和可再生能源等方面的基础设施服务能力来提高环境可持续性。

(3)经济可持续性:服务设计可以通过考虑服务的经济模型来提高经济可持续性,服务设计可以发挥其在经济上的系统性可持续思考,尤其是兼顾经济利益和环境、社会价值的创新型商业模式,从而为企业和社会带来长期益处。

真正实现服务设计介入可持续发展问题,或者将可持续性导入服务设计过程,确保服务设计能够实现可持续发展的价值,还离不开多种因素的综合影响,首先就是意识和理解的改变。设计团队需要具备关于可持续发展的意识和理解,了解可持续发展的概念、原则和实践,并认识到服务设计可以为实现可持续发展作出贡献,愿意接受并学习可持续的知识,能接受实现可持续性所要求的系统性和长期性;其次,可持续的系统性要求多利益相关方的共同参与,设计团队除了需要与用户、利益相关者和其他利益方保持沟通和合作,了解他们当下的需求和期望,还要在整个设计过程中考虑到生态、环境、社会发展等中长期需求和期望,这有助于确保服务解决方案是基于社会、环境和经济可持续性的。

再次，对服务设计的解决方案需要进行评估和反馈，设计团队需要开展可持续综合标准的评估和反馈，引入系列国际国内标准、评价规范和设计指南，如 ISO140001 系列和国内的绿色设计产品标准清单等，以确保服务解决方案在各个方面都具有可持续性，并能够实现可持续发展的价值。评估和反馈可以帮助设计团队了解服务解决方案的优点和不足，并根据反馈信息进行调整和改进。最后，要认识到设计可能需要持续改进，包括持续优化和改进服务解决方案的目标和手段。这需要设计团队不断地寻求新的方式和方法，以更好地满足用户和利益相关者的需求，并减少对环境的负面影响。在这些方面都得到充分考虑和实践的情况下，才能够实现服务设计的可持续性和可持续发展的价值。

当然，现实情况下，往往都是认为对的事情（比如促进可持续发展），执行起来却很困难。将可持续发展作为服务设计的主要目标之一，可能会遇到许多挑战和难题，其中之一是商业利益往往处于最高优先级。

应对上述挑战，服务设计师可以利用数据和证据来证明可持续性与商业利益之间的关系。例如，可以通过调查、市场研究和消费者洞察来证明，采用可持续性策略可以带来更高的消费者忠诚度和收益。此外，可以采用社会责任报告和环境报告等方法，向利益相关者提供关于企业可持续性努力的透明信息。

另外，还可以通过提供经济激励措施来促进各方参与可持续性服务设计。例如，提供可持续性认证或奖励计划，鼓励参与可持续性活动的企业或消费者。

最后，成功的可持续性服务设计需要领导层的支持和承诺，以确保各个相关方都能够在组织中发挥作用。这需要制定长期规划、目标和战略，以确保企业的长期可持续性。

综上所述，要想在服务设计中实现可持续发展目标，需要采用一系列策略和方法，包括利用数据和证据、提供经济激励措施、领导层的支持和承诺等，以确保可持续性策略与商业目标相一致，并为实现可持续性目标而协同努力。

本书的核心主题是思考和解读服务设计是否有助于实现可持续创新。结合前文对可持续性与可持续创新的定义，可以认为服务设计可以帮助企业实现可持续创新，以提供满足用户需求的可持续性解决方案，并在经济、社会和环境方面带来积极影响。具体而言，可持续创新是指在创新过程中考虑社会、环境和经济因素，以促进可持续发展的创新。

而服务设计作为一种方法论和思维，旨在提供切实可行的商业或公益服务解决方案，同时考虑用户体验、业务模型和技术实现方案。在服务设计的过程中，除了与用户利益相关者合作，还会融合更多符合可持续价值的设计策略和方法。

（1）生命周期分析：服务设计师应该进行全面的生命周期分析，包括制造、运输、使用和处理等环节。这可以帮助设计师识别与环境相关的问题，并制定相应的可持续性策略。

（2）材料选择：服务设计师应该选择可持续的材料，并尽量减少材料浪费。例如，使用可生物降解的材料，或选择回收再利用的材料。

（3）节能和节水：服务设计师应该设计节能和节水的解决方案。例如，采用节能的照明和设备，或设计用水量更少的设备和服务。

（4）循环经济：服务设计师应该采用循环经济的理念，将产品和服务设计为可循环和可回收的。例如，设计可重复使用的包装和容器，或制定回收再利用计划。

（5）社会责任：服务设计师应该考虑服务对社会和环境的影响，并制定相应的社会责任策略。例如，支持当地社区和环保组织，或进行环保教育宣传活动。

这些内容都将在本书后续章节的文字和案例分析中进行介绍，帮助读者学习以环境、社会价值为目标的设计策略和方法，以及帮助服务设计师充分考虑可持续性问题，并制定相应的解决方案。这些方法不仅可以保护环境，还可以提高服务质量，增加用户满意度和商业价值。这有助于确保服务解决方案是以社会、环境和经济可持续性为基础的，从这个角度看，生态友好、社会和谐和环境健康等方面也是用户和利益相关者的共同关注点。

课程教学大纲

课程名称　服务设计与可持续创新
英文名称　Service Design and Sustainable Innovation
课程对象　研究生一年级 / 本科三年级
学分学时　3 / 48
课程性质　必修 / 选修
适应专业　工业设计 / 产品设计 / 其他艺术设计类

一、教学目的和任务

教学目的：本课程的目的是通过服务设计与可持续创新的教学，培养学生对可持续发展的意识和理解，以及在服务设计中考虑可持续性的思维和能力。通过课程的学习，学生将掌握服务设计方法和策略，并了解如何将可持续发展的原则融入服务设计过程，以实现经济、社会和环境方面的积极影响。

教学任务：

1. 介绍可持续性和可持续创新的概念：讲解可持续发展的重要性，以及在不同领域中可持续创新的定义和应用。

2. 探讨服务设计的基本原则和方法：引导学生了解服务设计的基本概念、方法和工具，以及如何将用户体验与可持续性目标相结合。

3. 分析服务设计与可持续创新的关系：讨论服务设计在实现可持续创新方面的潜力和作用，以及如何利用服务设计来解决可持续性挑战。

4. 培养学生的实践能力：通过实际案例分析和项目实践，提供学生参与服务设计和可持续创新的机会，培养他们的实践能力和解决问题的能力。

二、教学原则和要求

综合性与融合原则：课程应综合考虑服务设计和可持续创新的理论与实践相融合的特色，通过实际案例和项目实践，培养学生将所学知识应用到实际问题解决中的能力。

重视多元知识和视角：引入不同行业和领域的案例和实践经验，尤其是与管理学科、环境学科等关注可持续性发展的交叉领域，扩展学生对服务设计和可持续创新的认识，鼓励学生从多元角度思考问题。

强调实践导向：强调实践导向的教学方法，通过项目实践和实际案例分析，培养学生解决实际问题的能力，并激发创新思维和实践意识。

通过以上的教学目的、任务、原则和要求，本课程将引导学生全面而深入地了解服务设计与可持续创新之间的关系，并培养他们在实际设计思考和实践中融入可持续发展系统性思维、方法的能力，从而为构建更可持续的社会作出贡献。

三、授课方式

可以采用多种教学方法和技术，以提供丰富而互动的学习体验，创造积极的学习氛围，激发学生的兴趣和参与度，培养他们的创新思维和实践能力。包括但不限于如下授课方式：

1. 讲座和演讲：邀请行业专家、学者讲座和演讲的形式，向学生介绍和讲解服务设计和可持续创新的理论知识和实践经验。
2. 鼓励小组讨论和翻转课堂：鼓励学生们提前通过学习教材、在线课程或视频等学习相关概念和理论，然后在课堂上组织讨论、案例分析等进行深入交流，激发学生多分享观点、提出问题和解决问题。
3. 案例分析：通过分析真实的服务设计和可持续创新案例，学生可以理解实践中的挑战、成功和教训，引导学生参与讨论分析实际案例，讨论可持续性的影响和效果。
4. 结合项目实践：安排学生参与实际的项目，让他们应用所学的知识和方法解决现实问题。可以组建小组或个人项目，鼓励学生进行调研、设计、测试和评估，培养实践能力。
5. 组织实地考察和体验：安排学生进行实地考察，参观具有可持续性特点的组织或项目，加深对实际应用的理解。

四、教学内容和学时安排

总学时：48 学时（每学时 45 分钟）
1. 前言，2 学时；
2. 设计与可持续性，4 学时；
3. 服务设计与可持续创新，8 学时；
4. 可持续服务设计流程与方法，12 学时；
5. 服务设计案例分析，4 学时；

6. 可持续服务设计教学实践，16 学时；
7. 结课作业汇报，2 学时。
具体的教学内容和学时安排可以根据实际情况进行调整和细化。

五、课程作业

作业 1：产品服务系统的可持续创新案例分析（理论分析导向）
学生以小组形式进行服务设计实现可持续创新的案例分析。每个小组需要选择两个案例，覆盖不同类型的服务设计实现可持续性的内容：服务设计与商业、企业、能源和资源、社会以及生态等不同类型和系统目标（经济目标、社会目标、环境目标等可持续目标）。具体要求指导老师可根据实际情况设定。

作业 2：可持续创新服务设计实践案例（设计实践导向）
要求学生以个人或小组形式进行可持续创新服务设计实践案例，可参考本书中学生作业案例的思路和视角，从日常生活中和社会范围内的不可持续现象入手，基于服务设计的双钻模型合理使用可持续创新方法，开展桌面与实地调研（观察、访谈等方式），分析其中各类利益相关者的痛点与需求，提出可持续设计期望与目标，运用服务设计思维提出系统性解决方案，产出 gigamapping、服务蓝图、系统图、利益相关者地图，表达可持续理念。完成设计报告、概念视频、设计展板等。具体要求和评价标准由指导老师根据实际情况设定。

六、考核及评分标准

结合相关课程的教学目标和任务，以确保对学生的学习成果进行全面评估，建议从如下几方面设置考核评分标准：
1. 项目实践评价；
2. 个人作业和论文评价；
3. 小组项目评价；
4. 口头演示和讨论评价；
5. 参与度和课堂表现评价；

另外，也鼓励学生在评估过程中反思和自我评估，以帮助他们认识到自己的优点和改进的方向，促进学习的进一步发展和成长。

七、教材与教学参考资料

[1] 刘新，张军，钟芳，等. 可持续设计 [M]. 北京：清华大学出版社，2022.

[2] （意）卡洛·维佐里（Carlo Vezzoli），等．可持续产品服务系统设计[M]. London：Greenleaf Publishing Limited，2014.

[3] （美）维克多·帕帕奈克（Victor Papanek）．为真实的世界设计[M]. 周博，译．北京：中信出版社，2013.

[4] （美）维克多·帕帕奈克（Victor Papanek）．绿色律令——设计与建筑中的生态学和伦理学[M]. 周博，译．北京：中信出版社，2013.

[5] （美）汤姆·拉斯．可持续性与设计伦理[M]. 徐春美，译．重庆：重庆大学出版社，2016.

[6] （英）安妮·切克．可持续设计变革[M]. 张军，译．长沙：湖南大学出版社，2014.

[7] 王国胜．服务设计与创新[M]. 北京：中国建筑工业出版社，2015.

[8] 丁熊，刘珊．产品服务系统设计[M]. 北京：中国建筑工业出版社，2022.

[9] （意）罗伯托·维甘提（Roberto Verganti）．第三种创新[M]. 戴莎，译．北京：中国人民大学出版社，2013.

[10] （美）阿尔·戈尔．未来：改变全球的六大驱动力[M]. 上海：上海译文出版社，2013.

[11] （美国）比尔·盖茨．气候经济与人类未来[M]. 北京：中信出版集团，2021.

目 录

总　序
前　言
课程教学大纲

第一章　设计与可持续性 …………………………………… 001
第一节　可持续性 ………………………………………… 002
一、可持续发展的概念和发展 …………………………… 002
二、可持续性创新 ………………………………………… 004
第二节　为实现可持续性而设计 ………………………… 007
一、可持续设计概念和发展 ……………………………… 007
二、产品服务系统与服务设计 …………………………… 013
课后思考与练习 …………………………………………… 016

第二章　服务设计与可持续创新 …………………………… 017
第一节　为什么是服务设计？ …………………………… 018
一、服务设计的发展 ……………………………………… 018
二、服务设计的可持续价值 ……………………………… 025
第二节　服务设计如何回应挑战？ ……………………… 028
一、将可持续问题转化为服务设计目标 ………………… 028
二、服务设计程序中践行可持续愿景 …………………… 029
三、从可持续意识传播到实践经验积累 ………………… 030
第三节　服务设计的可持续性拓展和应用 ……………… 031
一、基于文献计量的领域界定 …………………………… 031
二、服务行业与应用场景细分 …………………………… 035

第四节　服务设计推动可持续性实践案例⋯⋯⋯⋯⋯⋯⋯⋯⋯⋯ 038
　　一、服务设计可持续实践领域与主题⋯⋯⋯⋯⋯⋯⋯⋯⋯⋯ 038
　　二、服务设计开展可持续创新实践的意义⋯⋯⋯⋯⋯⋯⋯⋯ 047
　　课后思考与练习⋯⋯⋯⋯⋯⋯⋯⋯⋯⋯⋯⋯⋯⋯⋯⋯⋯⋯ 048

第三章　服务设计与可持续创新实践⋯⋯⋯⋯⋯⋯⋯⋯⋯⋯⋯ 049

第一节　服务设计与商业领域⋯⋯⋯⋯⋯⋯⋯⋯⋯⋯⋯⋯⋯ 050
　　一、交通出行⋯⋯⋯⋯⋯⋯⋯⋯⋯⋯⋯⋯⋯⋯⋯⋯⋯⋯⋯ 050
　　二、物流⋯⋯⋯⋯⋯⋯⋯⋯⋯⋯⋯⋯⋯⋯⋯⋯⋯⋯⋯⋯⋯ 056
　　三、零售⋯⋯⋯⋯⋯⋯⋯⋯⋯⋯⋯⋯⋯⋯⋯⋯⋯⋯⋯⋯⋯ 058
　　四、金融⋯⋯⋯⋯⋯⋯⋯⋯⋯⋯⋯⋯⋯⋯⋯⋯⋯⋯⋯⋯⋯ 060

第二节　服务设计与企业发展⋯⋯⋯⋯⋯⋯⋯⋯⋯⋯⋯⋯⋯ 064
　　一、提升企业创新能力⋯⋯⋯⋯⋯⋯⋯⋯⋯⋯⋯⋯⋯⋯⋯⋯ 064
　　二、企业社会责任⋯⋯⋯⋯⋯⋯⋯⋯⋯⋯⋯⋯⋯⋯⋯⋯⋯⋯ 067

第三节　服务设计与能源、资源⋯⋯⋯⋯⋯⋯⋯⋯⋯⋯⋯⋯ 070
　　一、建筑运行⋯⋯⋯⋯⋯⋯⋯⋯⋯⋯⋯⋯⋯⋯⋯⋯⋯⋯⋯⋯ 070
　　二、城市治理⋯⋯⋯⋯⋯⋯⋯⋯⋯⋯⋯⋯⋯⋯⋯⋯⋯⋯⋯⋯ 074

第四节　服务设计与社会⋯⋯⋯⋯⋯⋯⋯⋯⋯⋯⋯⋯⋯⋯⋯ 076
　　一、公共事业⋯⋯⋯⋯⋯⋯⋯⋯⋯⋯⋯⋯⋯⋯⋯⋯⋯⋯⋯⋯ 077
　　二、福利保障⋯⋯⋯⋯⋯⋯⋯⋯⋯⋯⋯⋯⋯⋯⋯⋯⋯⋯⋯⋯ 079
　　三、全民教育⋯⋯⋯⋯⋯⋯⋯⋯⋯⋯⋯⋯⋯⋯⋯⋯⋯⋯⋯⋯ 081
　　四、健康医疗⋯⋯⋯⋯⋯⋯⋯⋯⋯⋯⋯⋯⋯⋯⋯⋯⋯⋯⋯⋯ 083
　　五、文化继承⋯⋯⋯⋯⋯⋯⋯⋯⋯⋯⋯⋯⋯⋯⋯⋯⋯⋯⋯⋯ 087
　　六、社区营造⋯⋯⋯⋯⋯⋯⋯⋯⋯⋯⋯⋯⋯⋯⋯⋯⋯⋯⋯⋯ 089

第五节　服务设计与生态⋯⋯⋯⋯⋯⋯⋯⋯⋯⋯⋯⋯⋯⋯⋯ 091
　　一、农业园艺⋯⋯⋯⋯⋯⋯⋯⋯⋯⋯⋯⋯⋯⋯⋯⋯⋯⋯⋯⋯ 091
　　二、生态系统⋯⋯⋯⋯⋯⋯⋯⋯⋯⋯⋯⋯⋯⋯⋯⋯⋯⋯⋯⋯ 095
　　课后思考与练习⋯⋯⋯⋯⋯⋯⋯⋯⋯⋯⋯⋯⋯⋯⋯⋯⋯⋯⋯ 097

第四章　可持续服务设计流程与方法⋯⋯⋯⋯⋯⋯⋯⋯⋯⋯⋯ 099

第一节　服务设计的典型程序与方法⋯⋯⋯⋯⋯⋯⋯⋯⋯⋯ 100
　　一、服务设计程序概述⋯⋯⋯⋯⋯⋯⋯⋯⋯⋯⋯⋯⋯⋯⋯⋯ 100
　　二、服务设计方法概述⋯⋯⋯⋯⋯⋯⋯⋯⋯⋯⋯⋯⋯⋯⋯⋯ 101

第二节　践行可持续目标的服务设计方法……………………………… 102
　一、可持续导向的价值主张…………………………………… 103
　二、鼓励发声与协作的共创方法……………………………… 106
　三、可持续作为评估指标……………………………………… 108
　四、启发式可持续创新方法…………………………………… 116
　课后思考与练习………………………………………………… 118

第五章　可持续服务设计教学实践…………………………………… 119
第一节　可持续服务设计课程体系……………………………………… 120
　一、课程设置…………………………………………………… 120
　二、课程主题…………………………………………………… 121
第二节　可持续服务设计创新教学案例………………………………… 122
　一、校园视野下的可持续性问题……………………………… 122
　二、服务设计应对周边社区可持续问题……………………… 129
　三、服务设计应对复杂社会可持续问题……………………… 141
　结课作业………………………………………………………… 152

参考文献………………………………………………………………… 154
后　　记………………………………………………………………… 159

[第一章]
设计与可持续性

第一节 可持续性

一、可持续发展的概念和发展

1. 可持续的概念

可持续,已经成为当今世界各国和大多数人普遍认知的一种适应人类未来发展的观念和目标,可持续发展的概念最初是在1987年联合国《布鲁特兰报告》(又称《我们的共同未来》)中提出的。该报告是由联合国设立的世界委员会(World Commission on Environment and Development)委托撰写,由诺尔曼·博尔拉格和格罗·哈勃共同主持,报告中提出了可持续发展的概念和原则,以及实现可持续发展的策略和行动计划。此后,可持续发展的概念和原则被广泛接受,并成为国际社会关注的重点之一。

可持续发展是一个不断发展和演变的概念,其定义和实践会随着社会、环境、经济和政治的变化而不断变化。目前一种被广泛接受的关于可持续发展的定义是:在满足当前需求的基础上,不破坏自然资源、生态环境、社会和人类健康,以确保未来世代的需求得到满足。这个概念所定义的可持续发展,需要平衡满足当前需求和保护未来需求之间的关系,确保我们的行动不会对我们的子孙后代造成不可逆转的负面影响。其基本特征是指一种能够长期保持、维持并满足当前需求而不会对未来资源、环境、社会和经济造成不可逆转的损害的发展方式或做法。这里的环境、社会和经济是实现可持续发展的三个基本目标,也被称为三重基线。这意味着不仅仅是需要考虑到环境的可持续性,还需要关注社会公正和经济发展的可持续性。

2. 联合国可持续发展目标(SDGs)

2015年9月在纽约举行的联合国可持续发展峰会通过了2030年可持续发展议程及其17个可持续发展目标(Sustainable Development Goals,SDGs),为人类和地球的现在和未来提供了和平与繁荣的共同蓝图,紧急呼吁所有国家——发达国家和发展中国家——在全球伙伴关系中采取行动。这些目标代表了全球面临的共同挑战,强调了贫困、饥饿、健康、教育、性别平等、清洁水和卫生、清洁能源、可持续城市和社区等方面的问题。

在此基础上，基于全球指标框架和国家统计系统产生的数据以及在区域层面收集的信息，联合国系统还推出了可持续发展目标进展报告 SDGs Report（年度）和全球可持续发展报告 GSDR（每四年发布一次）。如图 1.1 所示即 17 个可持续发展目标和所覆盖的领域。

3. 当下发展的可持续性要求

（1）可持续意识和观念的普及

应对当今全球气候变化和环境危机、发展不平衡等风险和不可持续的发展模式，人们需要采取更多积极的可持续性措施，例如采用清洁能源、优化能源和物资的使用、实现资源回收、保护野生动植物和生态系统、推进社会公正和经济平衡等，以确保能够维持我们的生活方式同时不会对地球和人类造成永久性的伤害。

在过去几十年中，人们对可持续发展的意识和关注度不断提高，越来越多的人开始关注环境和社会问题，寻求可持续的解决方案，这可以从全球范围内政策和计划的实施以及企业和组织采取的可持续经营行为中看出。同时，公众对可持续发展的认可和接受程度也在不断增加。越来越多的人开始支持环保和社会公正运动，通过生活方式和购物行为来表达对可持续发展的支持。例如，越来越多的人开始采用环保产品，如可再生能源和可降解材料，以减少对环境的负面影响。

图 1.1
联合国 17 个可持续发展目标

（2）可持续属性的拓宽

虽然可持续发展在不同的国家和地区的接受程度可能存在差异，但是在全球范围内，可持续发展的意识和行动已经成为一种趋势，得到了越来越多人的认可和接受。可持续性作为发展要素和目标，在应用过程中被不断丰富和发展。

①着重强调社会方面的可持续性：可持续发展不仅涉及环境和经济方面，也涉及社会方面。因此，近年来可持续发展的定义和实践开始更加注重社会方面的可持续性，包括社会公正、人权、民主、参与和包容等方面。

②强调区域发展的可持续性：在可持续发展的实践中，人们开始更加重视区域可持续发展，特别是在城市化进程不断加速的情况下。这意味着需要考虑到城市和地区的生态系统、社会和经济方面的可持续性，以及城市和地区之间的互动关系。

③循环经济的可持续性模式：循环经济模式是一种创新性的新经济模式，旨在减少资源消耗和浪费，促进经济、环境和社会可持续发展。循环经济模式强调通过资源回收和再利用来促进可持续发展。

④引入生态文明概念：生态文明概念强调自然和人类之间的和谐，包括生态系统和人类文明之间的和谐。这种概念将环境、社会、经济和文化方面的可持续性融合在一起，强调了可持续发展的综合性和全面性。在我国，生态文明是一个重要的概念，强调了生态环境与人类社会的和谐发展，是中国特色社会主义理论的一部分。中共十八大报告正式将"生态文明"写入中共党章，强调了生态文明建设在中国发展中的重要性。此后，中国政府积极推进生态文明建设，采取了一系列措施，包括减少污染排放、促进清洁能源、保护生态系统、推进可持续发展等方面。

二、可持续性创新

1. 什么是可持续性创新

在实现可持续发展的共同愿景下，可持续性创新成为一种致力于实现可持续发展的全新创新方式，是指在满足人类需求的同时，通过创新的方式最大限度地减少对环境和资源的消耗，以实现可持续发展的目标。通过创新技术和商业模式，改变了传统经济和社会发展的方式，实现了经济、社会和环境的可持续性。强调了技术、商业模式和社会创新等方面的结合，以促进经济、社会和环境的可持续发展。

[第一章] 设计与可持续性

数字经济和新能源时代，已经有众多企业将可持续性创新作为其核心的创新手段和目标，可持续创新可以从以下几个方面实现：

①资源利用效率的提高：通过技术创新，最大限度地减少资源的消耗和浪费。

②环境保护的实现：通过技术创新和商业模式创新，减少对环境的污染和破坏。

③社会责任的落实：通过社会创新，实现企业的社会责任，推动社会的可持续发展。

可持续创新是一个全球性的趋势，旨在推动可持续发展和绿色经济的发展。它不仅能够创造商业机会和就业岗位，还能够推动环境保护和社会公平。

（1）可持续技术创新导向——特斯拉电动汽车及新能源体系

以特斯拉汽车为例，其作为电动汽车领域的先锋代表之一，采用先进的电池技术和动力系统，能够有效降低碳排放，减少对环境的污染，并且提高能源效率。作为全球最大的电动汽车制造商之一，特斯拉在汽车行业实现了可持续性创新。其电动汽车通过使用可再生能源源源不断地为车辆充电，减少了燃油消耗，从而降低了碳排放和环境污染。另外，特斯拉还推出了可再生能源产品，例如太阳能板和家庭储能系统，用于为家庭提供清洁能源（图1.2）。

（2）居民参与共创的模式创新导向——瑞典ReTuna再利用中心

瑞典ReTuna再利用中心被称为全球最大的回收主题商场，实际上是一个包括商店、咖啡馆和再利用工厂在内的，以"减少、再利用和回收"为理念的购物中心。中心提供的便利设施鼓励人们回收、再利用和修复物品，实现了资源的有效利用和环境的保护，旨在推广可持续消费和资源循环经济。购物中心内售卖的全部为再利用或回收的商品，例如再生纸、二手家具和电子设备等。此外，该中心还提供有

图1.2
特斯拉电动汽车超级充电桩和太阳能家庭储能系统

关再利用和回收的教育和培训（图1.3）。

（3）提供整体解决方案的系统创新导向——美国EPA垃圾分类回收体系

在传统的社会公共事业领域，也有典型的服务商转型为提供系统化的可持续解决方案的例子，其中像美国EPA垃圾分类回收项目，就是通过建立垃圾分类和回收体系，希望达到2030年实现50%固废回收率的总体回收目标，实现垃圾资源化利用和减少垃圾对环境的污染。该项目旨在提高美国社区对垃圾分类和回收的意识，并通过提供工具包以帮助社区建立垃圾分类和回收系统。EPA项目的终极目标是推广可持续消费和生活方式，例如减少浪费、使用环保产品等。通过这些措施，该项目帮助提高了环保意识，同时减少了废物的数量和对环境的影响（图1.4）。

这些项目都具有创新性、可持续性和社会效益，能够有效推动可持续发展。它们通过技术、商业模式和社会模式的创新，将环境保护、社会公正和经济效益有机地结合起来，是可持续创新的优秀案例。

实现可持续创新需要全社会的共同参与和努力，需要政策、技术、商业模式等多方面的创新和配合。只有在可持续发展理念的指导下，通过不断创新，才能实现经济、社会、环境的协同发展，实现可持续发展的目标。

图 1.3
瑞典 ReTuna 再利用中心

图 1.4
美国 EPA 垃圾分类回收项目

第二节 为实现可持续性而设计

一、可持续设计概念和发展

源于可持续发展理念的可持续设计（Design for Sustainability），是设计界对经济发展与环境、社会等要素之间关系的理论反思，以及不断寻求变革与转型的设计实践。简单来说，就是设计研究者与从业者置身于可持续发展的宏观语境中的思考与实践。

1. 基于生态反思的可持续设计

可持续性从最初仅仅是设计领域的一个研究方向，发展到今天已经深深地融入创造可持续发展的人语境下，并成为众多创新路径和手段的导向。从社会、环境、经济可持续发展的角度上来理解设计的角色和作用，设计作为连接生产和消费的桥梁，既可以成为刺激人们消费冲动的工具，也可以转化为倡导可持续消费的手段。设计一直尝试以服务于技术和社会创新全过程的角色和视角介入生态问题，从顶层设计逐步下沉至人类共识，设计对探讨人类与生态环境关系的价值逐步在发展进程中得到显现。

设计领域的生态反思早期受以自然之美为目标的朴素环境思想的影响，产生了有机设计等将自然形式直接运用至设计中的实践。到现代设计时期，受 20 世纪 60 年代的环境保护运动影响，设计领域开始了对设计与人类发展关系的反思。1968 年，巴克敏斯特·富勒用"太空船地球"的概念阐述人类发展对环境的影响，他提出的"Dymaxion（Dynamic+Maximum+ion）"效能最大化（亦称"以少得多"）的生态设计理念指导完成了一批设计实践（图 1.5）。

图 1.5
巴克敏斯特·富勒与 Dymaxion 设计

其后更有影响力的反思来自美国设计理论家维克多·帕帕奈克，他将矛头直指现代消费主义设计，严肃提出"设计目的"的反思，指出设计是为了达成有意义的秩序而进行的有意识而又富于直觉的努力，并提出了设计伦理的概念，在鼓励对社会、第三世界、底层人民的关注的同时，将环境和自然资源的保护纳入了设计师应当思考和考虑的范畴当中。帕帕奈克在其著作《DESIGN for the REAL WORLD》（为真实的世界设计）中提出了工业设计应该自我限制的观念，强烈批判商业社会中纯以营利为目的的消费设计，主张设计师应该担负其对社会和生态变化的责任（图1.6）。他对设计师社会意识和环境意识的高度强调，令之后的几代设计师认识到自己应该承担的社会及伦理价值，而他终其一生倡导的"有限资源论"则为后来掀起的"绿色设计运动"提供了理论基础。

麦克哈格的生态主义设计著作《设计结合自然》也将设计与规划提升到生态科学这一高度进行论述。设计行业内部的反思从未停止，包括而后的"为环境设计"（Design for Environment）、"环境导向的设计"（Environmentally Oriented Design）、"社会责任设计"（Socially Responsible Design）和"设计伦理"（Design Ethics）等都体现了设计领域的生态反思转向，反思的话题由开始的消费主义反思，将环境和自然资源的保护纳入了设计师应当思考和考虑的范畴当中的环境保护反思，到当下围绕更宏观的资本与现代性、消费主义和时尚文化等命题进行研究。

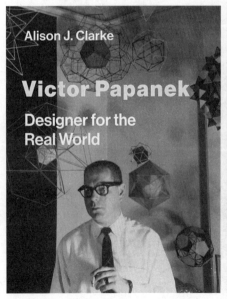
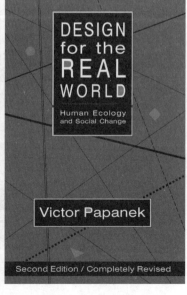

图1.6
帕帕奈克的《DESIGN for the REAL WORLD》

从早期绿色设计思潮开始，设计就被赋予了保护生态环境的使命，强调低环境影响的材料和能源的使用，绿色设计提出了除风格创新之外的设计理念与策略的变革，尤其是对社会责任的深刻反思，包括无害化设计（Design for Disposal）、可拆解设计（Design for Disassembly）和耐久性设计（Design for Durability）等都成为绿色设计中的重要策略，绿色设计需要建立在"4R"基础之上，即减少（Reduce）、重复使用（Reuse）、循环再造（Recycle）和再生（Regeneration，也有观点认为是 Recover）。

在效果上看，绿色设计首次将环境问题纳入设计思考的基本要素之中，极大提升了设计的社会价值。也有学者认为早期绿色设计意识到问题和危害后而采取了缓和补救措施，在一定程度上缩小了危害的强度，延长了危害爆发的周期，这是一种在意识到"问题和危害"后所采取的缓和补救措施的"治标"行为，属于"过程后的干预"阶段。20世纪90年代，在生命周期评价方法的支撑下，早期的绿色设计"质变"成"生态设计（Eco-design）"，以整个产品生命周期资源消耗和环境影响为考量对象，通过对功能、材料、结构等方面的设计优化降低产品环境影响，不仅仅关注最终结果，而且全面思考产品设计的各个阶段、各个方面、各个环节中的环境问题。20世纪80年代生态设计甚至成为后期联合国倡导的可持续发展议题的核心，成为一种有希望推进可持续生产和消费的方法并迅速发展到了全球。其意义在于，设计从一开始便融入环境意识，有助于预防和减少问题的发生。

在大量设计的实践过程中，无论是绿色设计，还是生态设计思想都逐渐与生命周期设计方法相结合，以资源高效利用为主要目标，发展为一种广义的绿色设计策略和方法，适合于综合考虑产品设计、制造、使用和回收等整个生命周期的环境特性和资源效率问题。

显然，可持续设计是个极具包容性的概念，尽管它继承了绿色设计与生态设计的基本理念与方法，但可持续设计并非单纯地强调保护生态环境，而是提倡兼顾环境效益、社会效益、使用者需求与企业发展的一种系统的创新策略。

2. 可持续设计的系统性发展

目前在以可持续性为目标的设计领域，国内外的研究和实践已经从绿色设计、减量化设计和全生命周期设计等产品层面逐渐扩展到产品服务系统设计、社会创新设计和转型设计等系统层面。设计师从关注产品的生态可持续性到重点转向需求侧、可持续消费，可持续设计

■ 服务设计与可持续创新

研究人员认识到,重点不应放在减少影响,而是改变系统:如何进行基础设施的大规模转变,以及如何彻底改变消费者经济,从基于线性所有权的模式(资源提取、制造、零售、家庭使用、废物流)到基于循环系统的创新,才能最大程度实现可持续性的发展。20世纪90年代末期,设计师和学者开始意识到,要实现可持续消费需要彻底改变传统的消费模式,而关键在于需要在产品之外实现更多的创新。设计师不再仅仅关注产品本身的环境效应,而逐渐将注意力扩展到具有生态效益的系统创新上。系统创新主要涉及各组件层面和技术结构层面,以及社会与制度结构层面的变革,如协调机制(法规、管理),或者来自供应商和用户方面的创新。在更加包容的生态视角下,受系统思维的影响,产品服务系统(Product Service System, PSS)作为一种非物质化的创新策略被提出(UNEP, 2002),兼顾环境效益、经济效益与社会效益,整合诸多资源,产品服务系统设计为设计应对可持续发展带来一种创新策略的转变,将单纯的以设计、销售"物质化产品"转向提供综合的"产品与服务系统",以更好地满足人们的特殊需求(图1.7)。作为比产品设计更系统的企业战略和产品开发策略,它成为实现制造企业可持续发展的解决方案和商业创新的前瞻性设计方法。

图 1.7
联合国环境规划署发布的可持续产品服务系统报告(UNEP, 2002)

产品服务系统以预先设计好的包含产品、服务、支持网络和基础设施的完整系统满足客户需求，相对传统商业模式具有更低的环境影响和更高的系统性生态效益。可持续设计的概念从此更具包容性和扩展性，它一方面与"绿色设计""生态设计""低碳设计"以及"环境设计"等概念有着密切的联系，另一方面又与一般以单纯"物质产品"输出的设计不同，是通过整合"产品及服务"以构建"可持续的解决方案"（Sustainable Solution）去满足消费者特定的需求，以"成果"和"效益"去取代物质产品的消耗，而同时又以减少资源消耗和环境污染、改变人们社会生活素质为最终目标的一种策略性的设计活动。可持续设计并非单纯地强调保护生态环境，而是提倡兼顾使用者需求、环境效益、社会效益与企业发展的一种系统的创新策略。

理想的产品服务系统创新是指"保持持续的竞争力，不断满足顾客需求，对环境的影响比传统的商业模式更小"，"是利益相关方之间进行创新互动及其所带来的经济利益相互趋同的结果"。具有生态效益的产品服务系统，其创新源于不同利益相关方之间新的利益趋同：不仅是指产品（或半成品）层面的创新，最重要的是在同一个特定的价值创造体系里的不同利益相关方之间所建立起来的一种新型互动、伙伴关系。从消费端看，消费者需要的是一种达成目标的"满意"状态，而非具体的功能性产品。就如同人们需要干净衣服而不是洗衣机，城市交通需要便捷出行而不是汽车一样。产品只是达成目标的工具和手段。因此，设计师需要从产品设计思维转换为系统设计与服务设计思维。事实上，如果采用适当的方式，产品服务系统创新不仅可以有效降低资源消耗，减少企业的成本投入，而且可以获得新的利润增长点，同时更好地响应消费者的需求。更为重要的是，产品服务系统在有效减少物质产品消耗的同时，有望导向一种新的非物质化的消费理念，从而建立起一种新的生活方式与消费方式，并从源头上降低人类活动的环境影响。"使用而不拥有"的共享经济理念也因此成了产品服务系统设计重要的策略与原则。

近年来，PSS设计理念开始与可持续性的社会伦理维度相结合，应用在低收入环境中和新兴市场设计，通过构建服务体系帮助低收入地区和人群解决基本生活和医疗保障等问题。

3. 可持续设计主题的拓展与演进

在社会技术系统的推动下，"可持续设计"的观念和应用领域在被进一步深化和完善的过程中面临自身转型和扩展的问题。关于可持续设计本身的演进，不同研究视角梳理了多条脉络。LeNS 国际可持续设计学习网络项目的负责人 Carlo Vezzoli 与 Fabrizio Ceschin 在其研究中将可持续设计理念的演进和发展简要分为五个阶段，梳理了从绿色设计、生态设计（生命周期设计）到可持续转型设计的设计理念和路径。对"可持续设计"不同阶段的划分是对其发展历程的总体认识和概括，并不意味着后者替代前者，而是在理念和内容上不断地补充与完善。实际上，很多可持续设计理论是相互包容和关联的。

可持续发展所面对的问题，无论是社会、环境还是经济问题，都越来越复杂并相互关联。在气候变化议题的紧迫性提升，环境预期持续走低，可持续"转型"（Sustainability Transitions）理论及后工业化思潮的影响下，聚焦于社会变革与可持续转型，新时期可持续发展研究呈现出强烈的"转型"趋向。为了应对这些所谓的"棘手问题"（Wicked Problem），如气候变化、贫困、老龄化、疫情等，卡耐基梅隆大学以 Irwin Terry 为代表的学者提出了转型设计（Transition Design）的概念，希望以此推动社会向更为可持续和更为理想的未来过渡。他们认为，向未来可持续社会的转型是一个设计重构的过程，需要整合愿景、知识以及不同层面的思考和行动，并且认为未来所有的设计活动的目的都是创造更可持续的生活品质，既离不开对生态和自然环境的约束，而生态系统也是未来设计转型的对象。

如图 1.8 所示，可持续设计的演进逻辑表现为从早期依托技术而进行以产品为核心的绿色设计到逐渐过渡为更大尺度和规模的系统层面的设计和创新，可以从关注环境、社会伦理、经济三个维度寻找并且定位不同的可持续设计方法，他们相互之间既有联系也有交叉，在生产、消费、社会文化等多个层面共同发挥其促进可持续变革的作用，用可持续设计的演进框架来描述该领域随着时代转型的范围扩张与针对具体问题的范式间界限。

设计不但需要解决当下的环境和社会问题，还要负责构建未来的可持续愿景蓝图。2020 年肆虐全球的新冠疫情对人类的生存和健康产生了极大的影响，数以百万计生命被病毒侵蚀乃至被摧毁，疫情严重影响了整个社会的运作、经济的运行和生活的方方面面。人们重新认识了生态危机导致的灾害，对可持续健康和生存环境的渴求愈发迫切，因此需要设计师重新认识现有系统的脆弱性和不足，用设计的力量建立起有韧性、适应未来健康危机的生存系统，并针对当下疫情影响提出有效的革新方案。

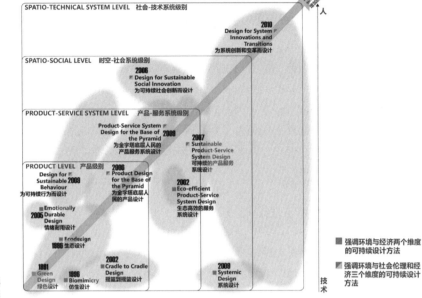

图 1.8
可持续设计的系统性演进

二、产品服务系统与服务设计

1. 产品服务系统的创新模式

在上一节提出，围绕着物质发展的工业社会逐渐向非物质化发展，产品服务系统（Product Service System，PSS）的概念于 1994 年由联合国环境规划署提出，即从单纯的设计、销售"物质化产品"转向提供综合的"产品与服务系统"的模式以更好地满足人们的特殊需求。过去的 20 年间，不同的学者从不同的侧重点对于产品服务系统的概念定义给予了诠释，早期 20 世纪 90 年代的 Goedkoop 等认为产品服务系统只是商业补充，是由产品、服务、平台和维护设备组成的系统，目的是提高企业竞争力，满足使用者需求。近年来产品服务系统更多被理解为是"通过利益相关方之间的效益趋同型创新互动来提供满足用户特定需求的协作过程，产品和服务并重的，经济、环境和社会全方位发展的价值主张和解决方案"。

产品服务系统被定义为一种以可持续的方式来共同满足客户需求的市场化产品和服务，可持续产品服务系统设计重点从注重产品材料及其资源本身的绿色选择，至产品（由局部渐至整体）生命周期设计,进一步发展为可持续产品服务系统设计;从早期关注产品整个生命周期中的生态设计、环境设计和生命周期设计等以期达到整合环境和生产之间"双赢"的结果,到具有整体可持续潜力的系统创新概念被不断提出,成为一种全新的生产商、服务商之间的协调机制,以及产品使用模式上的创新,达到对生产消费结构的系统性重塑,并最后聚焦于提升社会公平和凝聚力的设计。

本系列教材中,有一本《产品服务系统设计》专门介绍相关方法和教学内容,这里提及仅仅是为了帮助读者梳理服务设计发展演变过程中与之相关的设计理论、方法的交叉和相互依存的关系,有兴趣的读者可以进一步学习。

2. 产品服务系统与服务设计辨析

世界可持续发展工商理事会逐渐将讨论引领至产品和服务分别在生产、消费等环节对环境影响的差异,且随着讨论的不断深入,学界的研究重心逐渐转向了"对当时社会生产消费系统所包含的产品和服务成分以及其相互关系进行分析和界定",并指出解决方案要兼顾到"产品生产"和"消费模式"这一供求两端。米兰理工大学设计学院可持续设计与系统创新研究所与荷兰Delft等院校的设计和管理学专家一起,通过将更加关注用户的"服务设计"落地至产品设计领域,开创了"产品服务系统设计"这一以"可持续发展"为本质属性和终极目标的全新设计理论。因此,关于服务设计与产品服务系统的讨论和辨析一直是设计研究者关注的话题。

与产品服务系统定义类似的概念还包括服务工程、产品服务集成工程、功效营销、功能产品、功能销售、功能产品开发、技术产品服务系统(Technical Product Service System,TPSS)、工业产品服务系统(Industrial Product Service System,IPSS)与服务型制造(Service-Oriented Manufacturing)等概念,而具体到设计上则有经常混淆的服务设计(Service Design)概念。产品服务系统设计与服务设计具体的差异如表1.1所示。实际上,在不断地发展演进中产品服务系统设计与服务设计都是共同发展与共同演进的,尽管两种概念之间能找到一些差异点,但都是依据其原始领域特性做出的适应性改良,都能帮助其本身的成长。

服务设计更多探讨如何设计面向实践的服务改良或创新问题。随着服务经济的增长,用户的需求趋势逐步开始从占有转变为使用和价值理解,这也是企业转型的条件。就设计方面,企业从关注于产品设计本身到关注于整个产品服务流程的开发设计。企业由提供产品转为提供服务，这并不表示产品的完全消失，很多服务设计实际上就是一个产品服务系统设计，新服务的开发是基于现有产品的服务扩展。服务逐步代替产品，但是服务必须是可见的、有用的且吸引人的，服务设计要达成这一目标，需要针对服务触点的设计。而PSS就是以产品为主要触点，从而提供优质服务的系统战略。

产品服务系统与服务设计异同 表1.1

	产品服务系统设计	服务设计
发源领域	制造业	服务业、商业、公共服务业
设计内容	产品和服务为主	服务为主
系统组成	提供品、支持者网络、基础设施	提供品、支持者网络、支持方式
设计方式	强调运用系统分析与营造工具，衍生设计内容的范围	强调设计思维的良好运用，通过设计的多方参与，改变原有服务的设计方式达成组织变革
关注点	从用户需求为基础，从供应者价值出发，重点关注供应者与需求者两端链接	以用户需求为基础，从整个服务体系价值出发，关注整个服务系统战略与执行框架
价值辨析	附加价值获取，也可包含生态价值	附加价值获取

产品服务系统设计是传统制造企业基于服务经济时代发展要求，进行服务转型的方法路径，与服务设计并不是两个对立的概念。如苹果iPod所提供的听歌体验、大众的租车服务还有干洗服务，都属于服务设计范畴。在这些情况下，服务设计就是一种产品服务系统的设计。服务设计的出发点不仅限于产品的服务扩展，也是整体服务的提升和优化，同样是面向系统的设计，其涉及内容更为广泛，不仅涉及制造业，还包括服务业、公共服务业等。产品服务系统设计流程是以制造企业产品为基础，进行产品的服务功能的扩展与开发，不断扩大服务在流程中的比重，是制造企业由传统制造企业到服务企业的转变的设计方式。因此通常来说服务设计包含产品服务系统设计。

产品服务系统设计的目标是通过整合产品和服务来更好地满足用户需求，是基于整个系统的资源整合优化，不再着眼于单个环节的资源优化，而往往生态效益的实现需要从系统层面构造，因此从可持续角度来说，产品服务系统设计可以达成生态效益。在这个系统中，企业负责产品的维护和管理，因此在整个产品包括流程设计中，企业强调了节能与回收，以及提高产品质量和使用寿命等方面。这也是产品服务系统能迅速得到社会认可的主要原因之一,它的出现与发展和社会可持续发展相关。但另一方面则是商业竞争压力迫使下的企业转型。

课后思考与练习

- 设计与可持续发展有什么关系?
- 可持续设计在当前的主要设计对象是什么?
- 可持续性的产品服务系统有哪些?可以举生活中若干个实例说明。

[第二章]

服务设计与可持续创新

第一节 为什么是服务设计？

一、服务设计的发展

1. 服务设计的应用趋势

服务设计的概念起源于20世纪80年代，最初是由美国的服务设计师和教育家Lynn Shostack提出的。她认为，服务设计是一种通过优化服务过程、提高服务品质和用户满意度的方法，可以帮助企业提升竞争力和经济效益。在接下来的几十年中，服务设计逐渐成为一门独立的学科和实践领域，被广泛应用于各种服务领域，如餐饮、零售、医疗、金融、旅游等。

在20世纪90年代，服务设计开始得到了更广泛的关注和研究。21世纪初期，服务设计的概念开始在欧洲得到普及，尤其是在北欧国家，如丹麦、芬兰、挪威等。这些国家开始将服务设计应用于公共服务领域，如医疗、教育、政府等，从而为社会公共利益作出更大的贡献。此后，服务设计在全球范围内得到了广泛的应用和研究，成为一门重要的设计学科。

（1）服务系统的数智化升级

近年来，服务设计领域一直在不断地发展和创新，尤其是在数字化技术的推动下，服务设计在许多方面都迎来了新的发展和变革。这些变革包括数字化技术推动下的服务创新与转型，尤其是在智能化、数据化、自动化等方面的应用，让服务设计更加高效、便捷和个性化。支付宝即是最典型的例子之一。它通过引入服务设计的方法，打造了一个全方位的数字生活服务平台。支付宝在用户调研和数据分析的基础上，持续优化服务流程和用户体验，并开发了一系列新的功能和服务，如"生活号"服务、在线医疗、智能客服等，为用户提供更加便捷、智能和个性化的数字服务（图2.1~图2.3）。

当今乘坐各类交通工具的无纸（票）化体验也是数字化服务带来的裨益。拿北京地铁举例，一系列的服务创新项目如专属服务App提供的地铁运

图2.1
支付宝生活号
（图片来源：网络）

[第二章] 服务设计与可持续创新

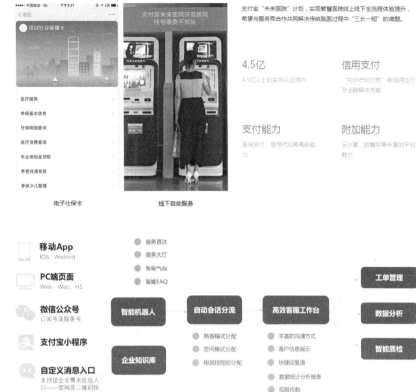

图 2.2
支付宝在线医疗
（图片来源：网络）

营信息可视化（首末班车查询、出行拥堵度查询）、地铁网点自助服务等为用户提供更加方便和舒适的出行体验（图 2.4、图 2.5）。

杭州市的"互联网+"政务服务，则提供老年人帮办、智能秒办、人才引进落户等便民服务。该项目通过设计用户友好的电子政务平台，方便居民进行政务办理，提高了政务服务的质量和效率（图 2.6、图 2.7）。

图 2.4
北京地铁 App
（图片来源：网络）

服务设计与可持续创新

图2.5
网点自助服务（左上）
（图片来源：网络）

图2.6
杭州市人民政府官网（下）
（图片来源：网络）

图2.7
为老年人开设的网上一站办服务
（右上）
（图片来源：网络）

另外，例如平安集团的智慧城市服务，则提出了"1+N"的开放架构体系，在平安智慧城市云平台上，构建了N个智慧城市板块，包括智慧政务、财政、安防、交通、口岸、教育、医疗、房产、环保、养老等，用科技赋能新型智慧城市建设，为城市居民提供便利和高效的公共服务（图2.8、图2.9）。

（2）注重用户体验的服务

服务设计也越来越重视用户体验，更加强调情感化、个性化、场景化、跨平台等服务生态构建，以提高用户体验的质量和深度。拿喜

图2.8
平安云官网（左）
（图片来源：网络）

图2.9
平安智慧城市宣传片（右）
（图片来源：网络）

[第二章] 服务设计与可持续创新

茶来说，作为一家设计驱动型茶饮连锁品牌，通过引入服务设计的方法，重构了自身的服务体系，提高了用户的体验和忠诚度，近日又推出 50 多个城市结合品牌形象的设计，更加拉近了与用户的距离。喜茶利用设计思维，将用户体验和业务流程结合起来，优化了店铺设计、产品创新、营销策略等方面，为用户提供更加舒适、美味和有趣的茶饮体验（图 2.10~ 图 2.12）。

图 2.10
喜茶的城市皮肤（左）
（图片来源：网络）

图 2.11
喜茶取餐服务（右上）
（图片来源：网络）

图 2.12
喜茶和其他品牌联名（右下）
（图片来源：网络）

而顺丰的服务体系则关注于不同场景下的服务生态构建。顺丰快递利用设计思维，将用户体验和业务流程结合起来，提供了一系列系统性的服务创新，如"顺丰到家"服务、快递站自助取件、快递员行车路线规划、智能配送等，甚至可以为企业提供全栈式物流解决方案，为 BC 端用户提供更有针对性的、便捷、高效和贴心的服务体验（图 2.13~ 图 2.15）。

图 2.13
顺丰到家服务（左）
（图片来源：网络）

图 2.14
面向 B 端的各类智慧方案（右）
（图片来源：网络）

■ 服务设计与可持续创新

图 2.15
面向丰富业务场景的全栈解决方案
（图片来源：网络）

（3）设计思维应用于公共服务

小到社区治理，大到公共政策，服务设计思维让公共服务更贴合公民的利益与福祉。诸如北京市社区服务体系建设、上海市居民健康档案管理平台，都致力于提高公共服务的体验与质量。北京市利用服务设计的方法，对社区服务体系进行改进和优化。通过对居民需求的调研和分析，设计出更加贴近居民的社区服务模式，例如老年人服务津贴补贴、婚姻登记预约咨询等，并提供服务导图（图 2.16、图 2.17）。

图 2.16
北京市政务服务
（图片来源：网络）

图 2.17
北京市政务服务导图
（图片来源：网络）

近年来，上海市也积极探索基于健康档案的区域卫生信息共享，努力实现电子健康档案与临床信息系统的整合，突破了传统电子健康档案的工作方式。上海市利用服务设计的方法，设计出居民健康档案管理平台。该平台提供个性化的健康管理服务，方便居民进行健康管理和疾病预防，提高了居民的健康水平（图 2.18、图 2.19）。

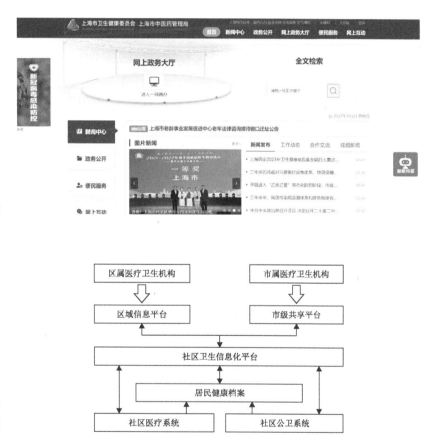

图 2.18
上海市卫生健康委员会官网示例图
（图片来源：网络）

图 2.19
彭浦社区卫生信息化平台互联互通
（图片来源：网络）

（4）服务设计的可持续潜力

最重要的是，服务设计也越来越关注可持续发展的问题。产品服务系统设计中的共享模式即是最典型的例子——提倡使用权共享而反对占有，遏制不必要的消费与生产。阿姆斯特丹，荷兰首都及最大城市，位于西部的北荷兰省，多年来享有"自行车之都""骑行之城"的美誉。世界上首先提出"共享单车"概念的正是 20 世

▎服务设计与可持续创新

纪 60 年代阿姆斯特丹的反主流文化运动青年无政府主义者，他们发起了一项名为"白色单车计划"的运动。1965 年，荷兰阿姆斯特丹就已经出现了无押金、无租金、无固定还车点的全球第一代公共自行车系统，这些公共自行车被用白色涂料粉刷一新并且具有统一标识（图 2.20、图 2.21）。

而在当代，更不乏有关注可持续的服务设计模式。互联网技术的进步与新型商业模式的涌现让服务租赁系统拥有了更多新的可能。Uber 推出了绿色出行计划，旨在鼓励司机开电动车、混合动力车或其他低碳排放车型。该计划通过向符合条件的司机提供每周 100 美元的奖励，并与各地政府、电动汽车制造商和能源公司合作，建立电动车充电站，以鼓励更多的司机使用低碳排放的车型，帮助城市和社区实现绿色复苏（图 2.22~图 2.24）。

图 2.20
20 世纪 60 年代阿姆斯特丹白色单车计划
（图片来源：网络）

图 2.21
现今阿姆斯特丹街头的自行车（左）
（图片来源：网络）

图 2.22
提供更多绿色出行方式——舒享电动轿车（右）
（图片来源：网络）

图 2.23
Uber 公共交通（左）
（图片来源：网络）

图 2.24
Uber 绿色出行电动车概念图（右）
（图片来源：网络）

从以上服务设计的发展、现状与众多案例举证可以发现，面向B端与C端的服务行业从未像今天这样成熟与繁荣，服务设计也越来越和我们的生活息息相关。那么服务设计为什么拥有应对可持续挑战的能力？即服务设计的价值为何，下文将展开详细的探讨与介绍。

二、服务设计的可持续价值

1. 为可持续性而设计

今天，服务设计作为一个崭新的跨界综合性领域，正将其研究重点从关注单体要素设计转向整体关系发展，从协调内部系统运转转向外部和谐发展。服务设计的核心诉求在于能够直接向用户提供价值而非产品或交互。用户价值常常是通过一系列的"交互行为"来实现的，这些交互行为不仅涉及"人机交互"，还包括"人人交互"，这些"交互行为"设计也是服务设计的主要工作内容。

而在可持续问题上，正如日本设计学家黑川雅之等人在20世纪末提到的那样："可持续化发展的理想概念，就是在人类社会的发展与自然环境的运行之间，寻找可以长久共存的平衡状态。"当涉及可持续问题的探讨时，服务设计的结果会超越服务本身并影响到社会和环境。因此，为了发展的可持续，在人类基本生存的经济、生态、社会层面展开设计，已成为当代设计极具潜力的一个分项，通过服务设计思维指导构建可持续设计问题的创新与服务开发之间的逻辑关系，将是提升设计实现广泛社会效益的有效途径。

2. 服务设计与可持续性的价值映射

为了映射服务设计与可持续问题并更好地传达服务设计的价值，本书定义了相关映射的维度，考虑到设计研究关注的中心呈现由具体到抽象，从外在到内涵的变化过程，以及从找到具体目标到解决问题过程，因此对服务设计进行了七个分析维度的拆解，图 2.25 左侧针对服务设计的研究部分包含目标、设计原则、识别问题、价值需求、解决方式、解决问题的阶段、组织过程等。相对应，图 2.25 右侧的可持续性问题研究，也采用同样维度进行分析。此图的意义是从服务设计、可持续研究资源的整合中，进行系统性

服务设计与可持续创新

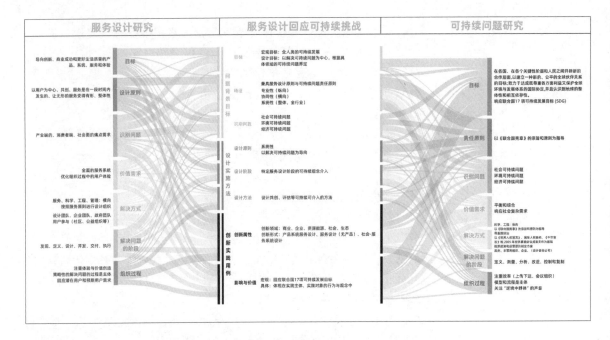

图 2.25
服务设计回应可持续挑战的价值体现
（图片来源：作者自绘）

的研究与对比，找到服务设计在可持续具体问题的探讨下如何实现其价值。

如图 2.25 所示左侧呈现了服务设计在不同维度下的研究侧重点。《触点》一书中展现了多位学者对服务设计的理解，梳理学者对服务设计的观点后可以看出服务设计的目标是导向创新、商业成功和更好生活质量的产品、系统、服务和体验。Marc Stickdorn 和 Jakob Schneider 所著的《This Is Service Design Thinking》一书中提到服务设计的五个原则是使用者中心（User-centred）、共同创造（Co-creative）、按顺序执行（Sequencing）、实体化的物品（Evidencing）与整体性（Holistic）。从《服务设计与创新实践》和《触点》等书中的内容描述总结，可以得到服务设计识别问题、价值需求、解决方式、解决问题的阶段、组织过程等关键内容。设计识别问题的过程需要从产业端、消费者端、社会面的痛点需求等进行系统考量。服务设计价值需求是来自于全面的服务系统以及优化组织过程中的用户体验。解决问题的方式要从服务、科学、工程、管理横向按照服务原则进行设计组织，以及联合设计团队、企业团队、政府团队、用户参与（社区、公益组织等）。解决问题的阶段会分为发现、定义、设计、开发、交付、执行等。组织过程注重体验与价值创造，策略性的解决问题的过程是主体，回应潜在用户和预期用户需求。

而在图 2.25 右侧可持续问题的研究上，其主导逻辑多从联合国官网的经济和社会事务部可持续发展部分总结得出。可持续研究目标是在各国、在各个关键性阶层和人民之间开辟的新的合作层面，以建立一种新的、公平的全球伙伴关系的目标。响应联合国 17 项可持续发展目标（SDG），致力于达成既尊重各方面利益又保护全球环境与发展体系的国际协定，并且认识到地球的整体性和相互依存性。责任原则以《联合国宪章》的宗旨和原则为指导。识别问题关键从社会可持续问题、环境可持续问题、经济可持续问题等出发进行思考。价值需求考量平衡和综合、响应社会复杂需求。解决方式是纵向以科学、工程等《联合国宪章》的宗旨和原则为指导尊重国际法，并以《世界人权宣言》、国际人权条约、《千年宣言》和 2005 年世界首脑会议成果文件为基础。另外，政府、非营利性组织、企业（设计咨询公司）按照政策和运营原则制定方案。解决问题的阶段主要包含定义、测量、分析、改进、控制和复制等。组织过程注重效率（上传下达、会议组织）、模型和流程是主体、关注"逆境中群体"的声音。

3. 服务设计实现可持续性价值

回顾目前在服务设计与可持续领域研究的关键内容后，对以新的设计思维应对日益复杂的可持续问题有一定的总结。作为产业价值和社会价值协调者的服务设计，以及促发未来变革的可持续研究或许会在如下几个关键方面起到突出作用。设计要在满足基本需求和实现可持续性之间达到一个完美的平衡，借助系统思维方法觅得最符合多利益相关方需求的可持续解决方案。映射后包含以下三个方面的转变可能有助于定位可持续服务设计实践与研究：

（1）问题背景目标

设计背景的人员能够从本质上理解，在定义目标时，正如楚东晓教授所言"通过合理的设计最终实现人类的福祉（Make Happiness）是设计师和设计研究者不变的一个奋斗目标"，需要同时关注宏观可持续发展目标"全人类的可持续发展"与设计目标"以解决可持续问题为中心，根据具体领域的可持续问题界定"。问题的特征也会兼具服务设计原则与可持续问题责任原则。识别未来新问题过程中，设计师不但要具有横向维度下宽口径的协同性，纵向维度下厚基础的专业性，还必须在设计、可持续问题研究等不同学科领域具有相当系统全面的专业素养，从而才能识别社会可持续问题、环境可持续问题、经济可持续问题等。

（2）设计实施方法

服务设计与可持续问题研究的结合更是用设计的方法和工具扩展了服务研究的可能性。方法层面的具体设计主要视"可持续问题"为设计对象，关注"服务"与"可持续"的不同内涵和属性，注重更多借鉴传统产品设计、交互设计领域的设计方法和理论来促进新服务的设计与开发。在服务设计解决可持续问题的探索过程中，设计原则要以解决可持续问题为导向，以系统化的方法将问题细化，并在迭代中寻找最优解。设计过程中，特定服务设计阶段会关注可持续观念，并将可持续理念导入设计成为服务设计驱动可持续创新，加速可持续问题解决的重要途径。具体的设计方法也从评估、共创等可持续可以介入的类型中展开探索。

（3）创新实践用例

关注可持续问题的服务设计研究中，目前切入的领域主要包括商业、社会、自然环境等。作为服务设计的前沿领域，其创新形式包含产品系统服务设计、侧重于商业模式与系统创新的服务设计、社会—服务系统设计等。在可持续问题研究领域中的服务设计实践中正不断拓展着自身的边界，其影响与价值在宏观层面回应联合国17项可持续发展目标，微观层面影响着实践中的主体和对象行为与观念的可持续性。

第二节 服务设计如何回应挑战？

一、将可持续问题转化为服务设计目标

学者 Lucy Kimbell 提出理解"设计"的两种方式之一"设计是一种问题解决方案"。对"服务设计"的理解可从问题认知入手，服务设计是通过服务设计思维为服务提供者和服务接受者之间的交互过程进行设计，从而实现改善服务体验和价值共创的目标，"它能帮助创造新的服务或提高现有的服务，使它们令客户觉得更加有用、好用、满意，并且对组织来说更加有效率"。服

设计的目标是导向创新、商业成功和更好生活质量的产品、系统、服务和体验；最终识别的问题聚焦于产业端、消费者端、社会面的痛点需求。

可持续话题所涉及的问题是在更大范围和更复杂的层面影响着我们每一个人。在全球范围内，人类面临着前所未有的金融、环境和社会问题。技术的发展可以激发设计师思考新的服务，但经济、环境和社会趋势也将更多新的问题摆在设计面前。在可持续介入后，服务设计更加迫切地需要响应联合国 17 项可持续发展目标（SDG），对设计研究的目标则更加需要关注价值创造的社会可持续问题、环境可持续问题、经济可持续问题。可持续视角下，将服务设计作为一种价值支持资源，其宏观目标以"全人类的可持续发展"，与单纯的经济价值相比更加重要。

设计目标从"以人为本"向"以解决可持续问题为中心"转变。识别问题过程中会兼具服务设计原则与可持续问题责任原则，根据具体可持续领域的可持续问题慎重对待人力资源和非人力资源的设计与使用。从长远来看，一个对可持续问题满怀敬意的、价值导向的服务供应在经济层面将同样是成功的。这些价值将会与各项业务相关，而并非仅仅是一个理想化的游乐场。在可持续的各个领域，如水利、交通等需体现纵向专业性，在社会网络中需要体现横向协同性，最终达到全行业、具有可行性的系统性。

从未来角度来看，可持续性是指满足当前的需求，同时不损害未来世代的能力满足其需求。因此，服务设计师需要考虑设计对未来的影响，采用可持续的技术和材料，制定长期可持续的目标和策略，为未来留下更好的环境和资源。

从当下角度来看，可持续性是一种综合性的概念，需要考虑环境、社会和经济三个方面的因素。服务设计师需要考虑当前社会和经济的情况，制定可持续性目标和策略，使其在商业和用户体验的同时不影响环境的可持续性。

二、服务设计程序中践行可持续愿景

服务设计是一种新的设计管理模式。服务设计师在服务创新过程中担当的角色应该是整个组织创新活动的策动者（Facilitator），而不是传统意义下的管理者（Manager）。以设计研究阶段为例，服务设计师肩负的两个主要任务是：①根据问题需求，对设计创新团队的人员进行领域性选择和组织层级方面的规划；②制定服务战略计划书。其关键设计原则为以用户为中心、共创、服务是在一段时间内发生的，让无形的服务变得有形、整体性。服务设计可以理解为一种新的设计管理模式，服务设计师则是这个设计战略创新的领导者。

在今天，可持续理念已经不仅是对制造产业的范式提出的挑战，也是对传统服务设计范式提出的挑战，要求设计者在商业占有和共享价值之间进行选择。设计原则从以人的体验为中心，问题离散的状态，向更加需要系统性，并且以解决可持续问题为导向，不仅要考虑经济因素，还要考虑其行为所产生的生态效益和社会效益。因此在解决可持续问题初期阶段，一是需要先基于兼顾可持续问题与服务设计问题的评估体系来制定评价指南，再以此为出发点进一步完善设计原则、解决方案和最后的设计效果评价，这样的流程构成了一个服务评价体系。二是以价值为核心形成问题发现、设计创造、设计评估的服务设计循环。三是以共创方法来提升可持续问题介入后的设计创造与变革的能力，吸引不同层面的利益相关者沉浸到可持续研究问题中去。以上三点不仅可以开拓设计的视野和思路，还能有效地促进客户委托方以更宏大的愿景来思考设计目标。本书在第四章将阐述如何在设计程序中运用可持续价值观与评估的方式指导设计程序的执行，帮助服务设计师更好地践行可持续愿景。

三、从可持续意识传播到实践经验积累

设计的语境随着产业与社会发展的需要随时都在演变，这些都是设计人性化的觉醒，是设计价值超越商业目的的视域，需要展现更全面的可持续价值的行动。今天的变革给设计师带来了超越前人的机会，使其能够走出实验室从事更丰富的设计工作。从关注用户体验创造商业成功到本章要讨论的社会和环境方面的挑战，这就是设计未来十年的基础构成。因此，服务设计将着眼于三个方面的挑战，探讨设计师如何通过重新设计"操作系统"，与商业、社会和政府部门一起探索解决这些问题的机会。

可持续问题设计领域包含如社会、经济、环境等范畴。诸如上述的公共服务在可持续领域展开服务设计研究也是对设计价值缺陷的修正，是当代设计进步的表现。未来可持续化设计更加注重其外延，创新形式不再局限于设计的物理表现，即市场策略对设计的影响，如产品的材质与功能，生产者的经济与效益问题。当下的设

计较少考虑设计的精神表现，即设计如何改变社会生活，实现可持续发展。同时当下的设计着眼点更多的是设计的商业利益，而较少讨论到设计如何构建社会的公共利益或者只是关注眼前的局部利益，而没有将设计与社会的长远发展相契合。这种局部、片面解决个体表象问题的设计手段，明显已不能很好地解决现阶段的社会问题了，因此建立一种全面协调人与物、人与自然、人与社会的设计价值规范，需要包含从产品到服务、运营、流程以及企业自身组织形式的全价值链的迭代，如产品系统服务设计、服务设计、社会—服务系统设计。以此重新定位实践主体——政府、企业与个人的关系结构，与实践对象如 B 端高碳排放量的产业、危机中的企业，C 端处于逆境中的组织或个体。响应联合国 17 项可持续发展目标（SDG），为大众提供及时、充足、公平的社会服务思想成为这个时代的一个重要命题的创新解答形式。书中第三章的实践案例章节将详细阐述服务设计实践对实现可持续目标所做出的方方面面的努力。

第三节 服务设计的可持续性拓展和应用

一、基于文献计量的领域界定

1. 关键词检索与数据处理

为了更科学、更系统地展开后文的案例讲述，首先需要厘清服务设计实践的边界在哪里，具体应用在哪些领域回应形形色色的可持续目标。基于此目的，采用文献计量的方法，对"服务设计在哪些领域回应了可持续目标"展开计量。首先将研究目标拆解为核心关键词组："服务/服务设计/服务系统"与"可持续/可持续设计"，随后于 Web of Science 核心数据库（英文权威数据库，包含 5 大引文索引 SSCI、SCI-Expanded、A&HCI、CPCI-S、CPCI-SSH）与中国知网数据库（中文权威数据库）对该关键词组进行主题检索，分别得到 12284 条、234 条有效样本文献。由此得知，国外学界关于服务设计与可持续的交叉话题知识群体量庞大且各学科下文献分布密集，而国内由于服务设计学科起步较晚，对于国际上的一些前沿设计研究较为滞后，因此呈现出的数据量要小很多（图 2.26）。

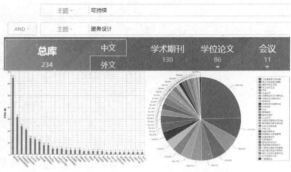

图 2.26
国内外"可持续＋服务设计"关键词组下的检索结果
（图片来源：作者自绘）

2. 数据可视化与分析

（1）基于 WOS 数据库的定性分析

运用 VOSviewer 对 WOS 导出的文献数据进行"关键词共现分析"，用于将多篇论文中使用相同关键词以及关键词之间的联系可视化，生成关键词共现图谱并对聚集性的关键词展开定性的聚类分析（图 2.27）。VOSviewer 通过算法将相关的关键词聚集成群并予以颜色区分为五个典型聚类方向。聚类一：以增进人类福祉为导向的服务实践，即下图所示的红色聚类，主题上从医疗健康（Health-care）、心理健康（Mental health）到教育（Education），再到社区建设（Community）、社会公正（Equity）无所不包，综合表现为应对各类社会议题的服务实践。聚类二：关注服务质量（Service Quality）、满意度（Satisfaction）的绿色聚类，是集中于服务本身的绩效研究，该聚类下的研究多应用于服务型企业的战略层面，以建立忠诚客户关系、企业竞争优势甚至适应与应对危机的能力。聚类三：服务设计与商业，由黄色部分与紫色部分交叠而成的区域，由于服务设计在运行与落地阶段需要商业模式的驱动，且服务设计诞生之初即为商业创新所服务，证实了两个方向下关键词的紧密联系，聚类下的核心关键词包括设计（Design）、产品服务系统（Product Service System）、商业模式创新（Business Model Innovation）、供应链（Supply Chain）等。聚类四：由能源（Energy）、可再生能源（Renewable Energy）、消耗（Consumption）、碳排放（CO_2 Emission）、可持续（Sustainability）、生命周期评估（Life-cycle Assessment）等关键词聚集形成的青色区域，证实了能源与资源的消耗、排放、回收等环节下的可持续研究是"双碳"目标下解决气候变暖延缓人类危机的重要命题。聚类五：以生态系统服务为核心关键的蓝色聚类，高频关键

[第二章] 服务设计与可持续创新

图 2.27
VOSviewer 生成的 WOS 数据库关键词共现图谱—network 模式
（图片来源：作者自绘）

词包括自然保护（Conservation）、生物多样性（Biodiversity）、气候变化（Climate Change）、土地利用（Land Use）等，是着重关注于保护生态系统并减少环境影响的研究集群。

（2）基于知网数据库的定性分析

在中文数据库方面，由于文献样本数量较少，仅有 234 篇，呈现出的关键词共现图谱聚类效果并不理想（图 2.28、图 2.29）。通过聚类分析大致可以区分为四个聚类核心。聚类一：以可持续发展为核心，由产品服务系统设计、地域文化、生态社区、设计策略、战略设计聚集而成的集群；聚类二：以服务设计为核心，由服务系统、协作服务、可持续生活方式、智慧文旅、商业模式形成的集群；聚类三：以可持续设计为核心，代表关键词包括生命周期、生态材料、经济原理、可循环设计等；聚类四：以社会创新为核心形成的囊括分布式经济、城市社区、乡村社区、价值共创的集群。通过解读，可以发现由于各领域交叉渗透，关键词整体呈点阵式分布，存在于 5~10 年，围绕在可持续发展与可持续设计的周围，其中较为新兴的研究方向包括分布式经济与生产、产品—社会服务系统、乡村振兴与文旅融合等，在各方向下的趋势点关注了特定的关键词例如文化整体观、设

■ 服务设计与可持续创新

计范式、城市生活与闲置服务、智慧交通、文旅融合、保护与开发、软经验设计与多属性效用、技术进化理论等话题，一定程度上为后文案例细分奠定主题基调。

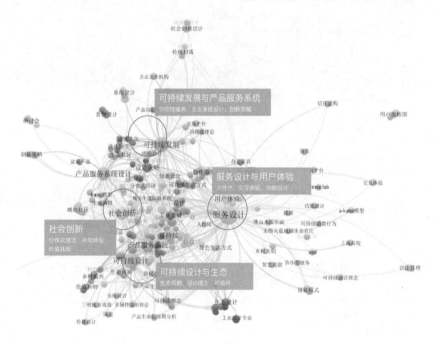

图 2.28
VOSviewer 生成的知网数据库关键词共现图谱—network 模式
（图片来源：作者自绘）

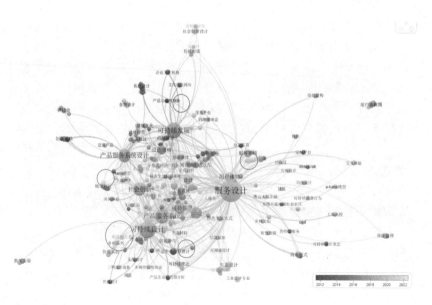

图 2.29
VOSviewer 生成的知网数据库关键词共现图谱—overlap 模式
（图片来源：作者自绘）

(3)分析结果：服务设计研究与应用领域界定

综合对比中文与英文数据库，中文数据库由于聚类性较弱，未形成较为明显的典型聚类模块分化，各研究方向分散相连，文化、商业、服务与生态等相互渗透，并不足以界定服务设计的应用边界。而英文数据库图谱呈现出的领域覆盖面广，从商业领域的 2B、2C，再到生态系统，都有"服务"概念甚至服务设计的引用，其总体呈现的聚集性较强且文献数据充分，各研究方向分化明显，符合界定边界的预期。进一步的，由于英文文献图谱的各研究方向与特定领域相关程度高，比起中文文献图谱散点状的可视化更适合界定领域，通过核心综述文献与各聚类下典型文献的定性分析，导向五种案例类型：服务与社会、服务与企业、服务与商业、服务与能源资源、服务与生态。服务设计正是在商业、企业、能源资源、社会与生态这五类与人类发展与命运紧密相关的领域回应可持续挑战，共同构成了服务设计实践的最大边界。

二、服务行业与应用场景细分

为了进一步细化五个领域下的细分行业与应用场景，并排列出其中需要优先介绍的内容，我们采取了以下的分析模式，分为三个步骤。

1. 行业穷举与甄别

首先通过世界贸易组织、国际劳工组织、国民经济行业分类等国内国外权威行业分类标准建立较为系统的行业集合。世界贸易组织官网定义了服务部门所在的各类行业，例如会计服务、广告服务、建筑与工程服务、法律服务、通信服务、教育服务、能源服务、环境服务、运输服务等；国际劳工组织则认定了 21 种行业类型例如农业、冶金、商贸、土木、交通运输、教育、金融、食品、林业等；随后通过阅读文献数据库中的高引或新兴的实践型文献，得到了共享出行、博物馆教育、自助图书馆、汽车租赁、生活用水、急救、医疗健康、非遗继承、社区养老、城市农业、文化旅游、零能耗社区、垃圾分类回收、能源运营等较为突出的应用场景，并结合服务设计赛事例如 iF、SDN 中获奖案例的类别、设计咨询公司例如 IDEO、Frog 等所做的项目类别。对场景与行业进行匹配，挑选出服务性质较为突出的行业类别，例如在汽车租赁、共享出行、出行拼车、共享停车的场景隶属于运输业（交通类别），且交通领域下的服务是普遍存在的，例如公共交通的订票与搭乘服务、出租车的临时租用服务，甚至在共享经济模式下涌现的单车共享、私家车拼车等新型服务模式，无不体现着服务在该领域行业下的价值。因此交通作为一大行业，阐述不同场景下的案例是有意义的。其他典型行业例如零售业、金融业、教育业等亦是如此。

2. 关键词验证与匹配

对已挑选出的行业类别与服务应用场景进行关键词验证并纳入相应的聚类领域中。用于检验的数据库来自由 VOSviewer 形成"关键词共现图谱"导出的数据信息，其中所有的关键词均被软件标注了所述聚类（Cluster）的类别，并以数字进行区分（Cluster 1，Cluster 2，Cluster 3……），因此可以在该数据库中检索在步骤一中得到的服务性质突出的行业类别以及服务设计应用场景的关键词，检验其是否存在于数据库中，并查看其所属的聚类编号，由此可以对应地填入服务与商业、服务与企业、服务与能源资源、服务与社会、服务与生态五大领域聚类中。仍然拿交通行业举例，根据关键词数据库的检索结果，"Transport"该关键词属于"服务与商业"的聚类，因此交通行业以及其下的共享电单车、共享停车、出行拼车等应用场景都归入商业的聚类范畴中，也证实了交通行业下的服务导向与商业模式的创新。

3. 行业、场景优先级排序

对已匹配好聚类的行业进行优先级排序，明确最有案例阐述价值的行业与场景。首先优先选择高碳排行业，根据 2021 年清华大学气候变化与可持续发展研究院发布的《中国长期低碳发展战略与转型路径研究》，建筑部门与交运部门分别占据了总碳排量的约 20% 与 10%，仅次于工业部门的 65%，在文献《面向可持续发展的服务创新：一个新兴的研究领域》中，通过综述性的文献回顾，也总结与紧迫的环境问题相关的行业部门：交通、能源、公共服务、废弃物（资源）、零售……减少能源消耗与碳排放属于可持续目标中的重要议题，因此以上提及的行业与领域是需要着重关注的。另外在减少碳排与气候影响外，也仍有众多关乎经济健康增长、社会和谐运行，甚至是人类命运与发展的可持续目标，这些命题可以由特定行业中的服务展开应对，在交通、零售等行业中基

图 2.30
服务设计开展可持续实践主题研究思路
（图片来源：作者自绘）

于共享经济的服务模式创新回应经济可持续目标，而在公共部门的服务创新则有助于社会的和谐运行与实现人类福祉……需要强调的是，行业间的界限并不是彼此分明的，例如在零售业中，在商品的运输环节会助长交运业的碳排量，而在销售环节也必然会涉及商业建筑等销售场所中运行所产生的电力、暖通空调中的能源消耗；此外，领域、行业与应用场景与可持续发展目标也并不是一一对应的关系，即在商业中的交通行业通过服务设计并不只降低了碳排量，通过商业模式创新还助长了经济营收，对特殊群体的关注甚至体现了交运的人文价值。因此案例虽然以某个特定的可持续问题为导向，但产生的影响或是最终回应的可持续目标可以是多元的，这种系统性、多层次地解决问题的方式也是服务设计实践的价值所在（图 2.30）。

此外，正如《This Is Service Design Doing》一书中所述，服务设计的应用场景除了存在于行业之下，也存在于一些典型的"场所"，例如社区、组织等，社区是聚居之地，得益于完善的基础设施与人员组成而常被认为是"微缩版的社会"，其拥有孕育文化与创新的潜质，在社区中开展的服务设计实践具有孵化、试错迭代的优势，可以作为进一步推广于社会的跳板，因此社区是当下服务设计、社会创新开展共创与实践的重要试验地。而在组织的角度，无论是政府还是企业，都需要借助服务设计思维、服务设计实践提升组织应对危机与风险的能力，尤其是全球局势日益动荡的今天，疫情、金融危机、贸易限制、恐怖袭击等各类问题挑战了企业、政府的可持续性。因此社区与组织（企业、政府）是行业之外也需要着重考虑的案例主体。最终我们确定了合适的阐述结构，可以较好描述服务设计回应可持续目标的行业，基于此的后文案例得以深入浅出地呈现各个领域下的服务设计在各行业下的实践现状。

第四节 服务设计推动可持续性实践案例

一、服务设计可持续实践领域与主题

1. 服务设计与商业

综上所述,后文的案例将分为 5 大领域与 16 个实践主题,如图 2.31 所示。首先是服务设计应用最普遍的商业领域,由于服务业最初诞生于商业,其中的商业模式与营利是服务的立足之本,因此案例将从服务的"元领域"讲起,为了实现经济与减碳的双赢,商业性服务着力于交通出行、物流、零售、金融四个行业,借助"共享经济""新零售"等热门商业模式,挑战多元化的消费市场与供应链。例如滴滴出行的网约车服务就推出了绿色出行计划,旨在鼓励更多的司机使用新能源汽车。该计划通过向符合条件的司机提供奖励,并与电动汽车制造商合作,为符合条件的司机提供更多的购车优惠,以鼓励更多的司机使用低碳排放的车型(图 2.32、图 2.33)。

阿里巴巴集团则推出了绿色包装行动,旨在减少在商品运输和配送过程中所产生的包装垃圾。该行动通过与快递公司合作,建立绿色包装指导和评价体系,并为环保包装提供补贴,鼓励商家和消费者使用可重复使用的包装(图 2.34、图 2.35)。

图 2.31
服务设计可持续实践领域与主题
(图片来源:作者自绘)

[第二章] 服务设计与可持续创新

图 2.32
《2020 滴滴平台绿色出行白皮书》
（左）
（图片来源：网络）

图 2.33
滴滴官网咨询图：共享出行推动新
能源汽车普及（右）
（图片来源：网络）

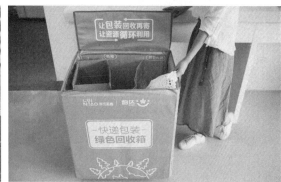

图 2.34
菜鸟绿色循环箱
（图片来源：网络）

图 2.35
阿里巴巴启动绿色物流 2020 计划
（图片来源：网络）

　　荷兰的 Pieter Pot 是一家成功推出循环无垃圾超市的创新型初创公司，其使用服务设计的方法，提供了一个可持续的食品销售方案。他们通过与供应商合作，提供更多的本地、有机和环保食品，同时通过包装回收循环服务链路，让消费者可以轻松方便地购买杂货，而不会产生包装浪费。此外，他们的存款和交付系统，采用了一种智能的"软锁定"商业模式，可以刺激现有客户留在他们身边。用户在他们的网站上订购，选择交货日期，会收到一个或多个装满由荷兰邮政 PostNL 特殊送餐服务提供的玻璃罐和麻布寄存袋。包装罐空后可以在下次送货时把它们交给送货员，罐子和袋子的押金将退还至用户的账户，可以将其用作下一次订单的信用额度。除了可重复使用的罐子和袋子外，没有任何包装，而且在供应链中，他们尽可能使用可重复使用的散装包装（图 2.36~ 图 2.38）。

2. 服务设计与企业

其次是作为组织代表的"企业"，企业是参与市场与商业活动的组成单元，也是消费市场中服务的主要提供者，与商业的关系密不可分。本部分将从组织——服务设计实践主体的视角，从企业能力与企业责任两方面看待服务思维如何赋能企业运营、服务又如何被提供，又如何塑造应对市场变化的能力并孕育社会责任。宜家自诞生之初就开始注重成本意识和气候智慧，将可持续发展理念作为长期追求，传达可持续生活方式。宜家拟于 2028 年前逐步淘汰商品塑料包装。每

图 2.36
Pieter Pot 的玻璃罐包装产品和员工（左）
（图片来源：网络）

图 2.37
可重复使用的玻璃罐（右）
（图片来源：网络）

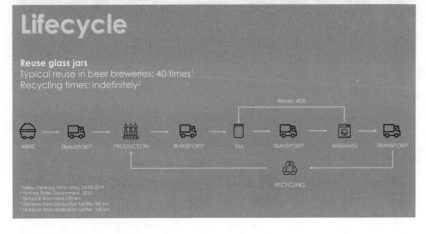

图 2.38
服务流程图
（图片来源：网络）

年宜家在大约 92 万吨的包装材料上花费超过 10 亿欧元。而淘汰产品包装中的塑料这一举措需要设计出新的包装方案,且要与宜家的产品开发团队和全球供应商进行密切合作。此外,宜家部分食品系列产品在 2028 年后可能仍需要使用塑料包装,以确保质量和符合食品安全标准,但在这种情况下塑料包装将采用可再生或可循环的塑料来源(图 2.39、图 2.40)。

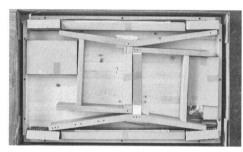
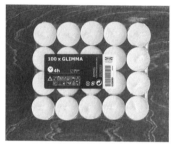

图 2.39
代替聚苯乙烯泡沫塑料的缓冲折叠纸质材料(左)
(图片来源:网络)

图 2.40
可持续发展理念的 GLIMMA 格莱马茶烛(右)
(图片来源:网络)

星巴克推出了循环杯计划,旨在通过服务减少使用一次性纸杯的数量。该计划通过提供可重复使用的咖啡杯,并为使用循环杯的消费者提供少量的折扣,以鼓励消费者减少使用一次性纸杯。该项目凸显了星巴克对环境可持续性的承诺(图 2.41、图 2.42)。

图 2.41
星巴克可重复使用杯子之一(左)
(图片来源:网络)

图 2.42
星巴克可重复使用杯子之二(右)
(图片来源:网络)

3. 服务设计与能源、资源

再者是能源与资源领域。"能源"是降碳的最直接话题,此部分将从能耗突出的建筑行业,尤其是服务介入可能性最大的建筑运行阶段(涉及楼栋人员对暖通空调、灯光、电子仪器等设备的使用)以及在城市治理两个角度了解服务如何规范能源与资源的使用与回收,减

服务设计与可持续创新

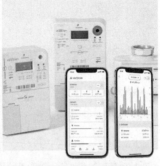

图 2.43
指导用户关注能源消费（左）
（图片来源：网络）

图 2.44
能源管理应用界面（右）
（图片来源：网络）

图 2.45
在线仪表数据填写与查询服务页面
（图片来源：网络）

小对环境的影响，为实现"双碳"目标贡献服务智慧。比利时的能源公司 ENGIE 使用服务设计的方法，为家庭用户提供了一种可持续的能源管理方案。他们的方案基于用户的能源消费数据，通过智能家居设备、应用程序和提醒服务，帮助用户管理能源消耗，减少浪费。该公司还为工业和政府客户提供创新能源解决方案，以更经济、更合理地使用能源和提高舒适度（图 2.43~ 图 2.45）。

4. 服务设计与社会

第四部分将着重于近几年越来越受到重点实践的社会领域。服务的公益性以及对社会的贡献于 2010 年后才逐渐成为学界热门话题，政府为公民提供公共服务一直以来毋庸置疑，是企业与非营利组织等新兴力量的加入让公益服务研究与实践如火如荼。社会领域下的行业与实践主题无论从研究体量还是案例类别来说都是最为庞大的，后文将从公共事业、福利保障、全民教育、健康医疗、文化继承、社区营造六个方面探讨服务设计如何保障人类生存福祉与文明发展进程。举例来说，荷兰的一所学校 Zone College Twello 使用服务设计的方法，提供了一个可持续的教育方案。他们的方案基于学生的需求和兴趣，通过社交互动、游戏化学习和实践项目，鼓励学生学习可持续发展的

[第二章] 服务设计与可持续创新

图 2.46
荷兰学校 Zone College Twello（左）
（图片来源：网络）

图 2.47
学生学习牛仔裤如何可持续利用
（右）
（图片来源：网络）

图 2.48
生态教育实施的 7 个关键步骤
（图片来源：网络）

知识和技能，培养他们的环保意识和责任感。学生们拥有高度的自主权，并且在学生团队组织活动时相互学习，如研究减少在学校和家庭环境中使用塑料的方法、参与社区清理和提高认识活动等。学院还开发了自己的绿色概况课程，整个四年计划中，对于不同领域和主题开展的工作可以确保学生每周都积极参与到与可持续发展相关的问题中来。学校建筑和校园也成为可持续实践教与学的尝试场所（图 2.46~图 2.48）。

再例如医疗方面，一项 iF 获奖作品阐述了如何提供住院用药服务。目前我国的住院用药服务主要依靠护士的体力劳动，但医院正面临护士短缺的问题。该解决方案系统是与中国一家顶级医院合作开发的，旨在提高效率、提高可追溯性、避免人为错误并提高患者满意度。最终得到一个灵活的移动系统，包括关键接触点和交付以及适合不同用户的软件解决方案。减少住院病人危急情况发生的频率，减少了医护人员的调用压力与医疗耗材（图 2.49~图 2.51）。

■ 服务设计与可持续创新

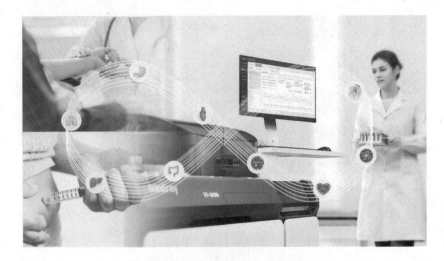

图 2.49
住院用药服务系统及智慧住院服务系统
（图片来源：网络）

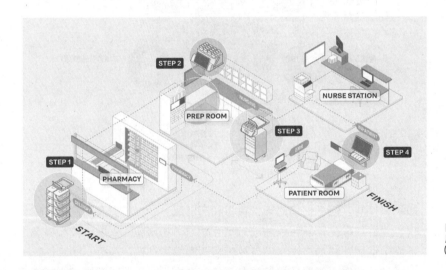

图 2.50
服务流程图
（图片来源：网络）

图 2.51
医生协同诊疗，为病人提供用药方案
（图片来源：网络）

5. 服务设计与生态

最后,将视野放于生态领域。在学界,"生态系统服务"一词专指生态系统对人类的服务,即人类对生态系统所获得的惠益:例如供给人类消费的石油资源、粮食资源、水资源,通过气候调节人类生存环境等。不同于此,在此方向下,将呈现农业与园艺行业通过服务创新减少环境影响,此外探寻在各类非营利性组织、政府的资金支持下人类对生态系统所作出的服务尝试,以增加生态效益,保护我们赖以生存的家园。联合国开发计划署(UNDP)提出了面向数字农业的服务设计并发布了相应的报告文件。数字农业广泛地涵盖了协助生产者进行农业生产的技术,最常见的是精准农业技术(图 2.52、图 2.53)。数字农业报告展示采用数字农业技术(专注于精准农业)的实用性和可行性,该报告将包括对这些技术的详细分析、它们的应用、结果和影响以及使用的可行性。通过这份文件,UNDP 希望为政府和政策制定者提供各种数字农业技术的可量化收益的详细分类,并告知他们应该通过哪些方法转让和应用这些技术,从而最大程度上提升农业效率,降低农业污染,以技术支持实现农业可持续。UNDP 努力构建了数字解决方案,让小农生产者参与全球可持续价值链——监测可持续农业生产数字平台(MOPAS)。

图 2.52
可持续的数字农业技术
(图片来源:网络)

6. 服务设计实践形式

　　在后一章节具体的案例分析中，由于场景与问题的差异性导致服务设计实践的形式会有所不同，此处作出澄清：主要存在产品服务系统设计（Product Service System Design，PSSD）、不依托于产品创新而侧重商业模式创新的服务设计，以及"产品—社会"服务系统设计三种类型。产品服务系统设计广泛存在于当今共享型经济下各类需要产品作为服务媒介的领域，例如智能电子消费产品、医疗设备、办公产品等，是基于"购买产品功能而非产品实体"的服务系统设计；而侧重商业模式创新的服务则主要存在于金融业等不依托于产品而存在的领域，基于App、网页或界面型触点与服务人员而存在，是提供信息、知识、资源、能源的服务，与管理紧密相连，侧重于重构利益相关者与关系网络，激活资金运转链路与商业创新；"产品—社会"服务系统设计由丁熊教授提出，具有社会创新的特征，拥有利益相关者共创的特质，目标在于充分调动整合分散的社会资源，打造基于复杂社会关系的服务系统，服务链路也因此相较前者更加错综复杂，也更能实现综合性的社会愿景。

　　而后在案例的阐述结构上，将从行业背景、问题与期望、服务设计流程与可持续创新、案例评价等维度展开，其中将着重关注案例回应了哪类可持续目标，为实现该目标又具体采取了怎样的举措与途径——作为可持续创新点。

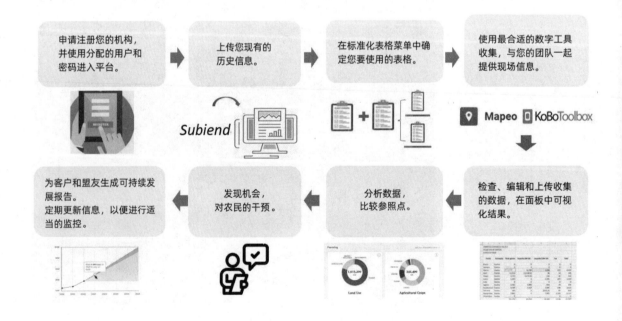

图 2.53
服务流程
（图片来源：作者自绘）

二、服务设计开展可持续创新实践的意义

1. 实践层面

那么为什么要列举阐述各行业的案例？服务设计开展可持续实践的意义又何在？为了能在后文阅读案例中印证服务设计的使命并强化意识，"意义"的阐述将被前置，先挑明服务设计与可持续创新结合所带来不可忽视的影响：通过广泛服务设计实践，针对行业特征重构资源与服务系统、聚集利益相关者、再由创新的商业模式"点石成金"，积极回应了联合国可持续发展目标，扭转了经济、社会、环境等领域中存在的不平等、不稳定、阻碍持续性发展的消极局势，欠发达地区与公众的底层需求得以被关注，弱势群体的平权运动由此应运而生，更有机会实现社会、自然资源的合理分配，以及人与生态系统的和谐共处。

此外，借助服务系统的创新，利益相关者被召集起来，更多人被动员参与到可持续的实践进程中，从消费者到参与者再到生产者，不仅塑造了可持续价值观与绿色行为方式，并且在未来应对重大决策时可以作出更符合社会发展需求的选择，持续创造价值，形成个人生涯发展的可持续。

服务系统的运行与服务设计思维也影响了组织应对变化的能力，变得富有"韧性"且可持续。正如上文所述，在市场加速变化的今天，企业对内对外都面临着众多阻碍持续发展的问题，疫情影响与金融危机，以及接续导致的裁员与人力紧缺……企业级的服务工具与方法以及组织层面的服务创新有助企业开展战略性回应并渡过难关。而对政府来说，通过公共服务的优化，政府有能力应对疫情席卷引发的公共卫生问题、暴力恐怖袭击、自然灾害等突发性灾难；公开透明的政务服务也塑造了政府的公信力……以上种种都为建立强大、公正与和平的政府铺设了可行的路径。组织之外，典型的实践场所——社区，也在粮食危机、能源危机、气候变化等极端条件下拥有应对危机的能力，形成"弹性社区"。

微观到个人，宏观到政府，从社区到国家，从突破持续发展的障碍到赋予应对危机的能力，不同层次的实践回应着大大小小的可持续挑战，这也正是服务设计开展可持续创新的意义。

2. 研究层面

目前在学界对"服务"与"可持续"话题的理论与方法论研究仍不成熟,设计学科也并不占有该交叉话题下的"话语主导权"。根据文献计量发现,结合两类话题的综述性文献数量较少且并非设计专业学者所著,在其论述中低估了设计应对可持续问题的角色与能力,总的来说缺乏设计视角的系统性研究与探讨,究其原因可能在于设计学科基于实践的局限性,导致实践型研究虽然覆盖广泛但分布零散,尚未凝结成具有指导意义的更高层次的理论型研究——设计研究的道路任重而道远。因此阐述并分析服务设计开展可持续创新实践对设计研究来说具有前置性的研究意义:将之作为研究的实践素材。

赵江洪教授曾将设计研究分为设计求真研究、设计求用研究、设计实践研究、设计构架研究,服务设计开展可持续创新实践的意义主要体现在设计实践研究的层次,该层次也是设计研究最为独特的研究范式(Research Through Design),即基于实践构建设计理论——研究者可以通过类比、提取特征等方式对服务设计实践素材展开定性分析,研究可持续在各行业开展服务设计的差异性,搭建系统性的框架、理论等,以更好地指导设计开展可持续实践。

而本书的优势在于系统地整合了服务设计在各行业中的可持续实践案例,这对研究者来说可以快速建立起全局性认知,寻找研究切入点与机会;另外对服务实践者来说,可以获得可持续介入的参考与指导,了解哪些领域更迫切地需要可持续,并且可以通过何种途径以实现可持续的目标。此外书中还强调了各领域行业各自的典型特征,尤其对于设计实践者来说,可以借此把握行业领域特征,开展针对性的服务创新设计以应对不同行业的复杂挑战。

课后思考与练习

- 服务设计的特征有哪些?
- 相较于其他设计活动,服务设计应对可持续挑战的优势是什么?
- 服务设计与可持续创新的交叉领域与主题分别有哪些?并尝试举例说明。

[第三章]

服务设计与可持续创新实践

服务设计作为一种综合设计能力，深入参与数字化生活、商业运营、城市发展和社会治理等活动，涌现出越来越多优秀的案例，它们通过引入服务设计的方法和工具，帮助企业和机构实现了业务目标和用户体验的双赢。

通过国内外核心数据库中对"服务/服务设计＋可持续/可持续设计"关键词的交叉检索、对可视化图谱与相关文献的定性分析，服务设计在商业、企业、能源资源、社会与生态这五类与人类生存发展紧密相关的领域回应可持续挑战，也反映了当下服务设计实践的主要方向。其中商业领域的案例主要围绕交通出行、物流、零售、金融等几大主题。

第一节 服务设计与商业领域

"为实现经济与减碳双赢，挑战多元化的消费市场与供应链。"

一、交通出行

在交通出行领域，下文选择了共享停车、短途出行、乡村客运三个典型场景。交运业的碳排量仅次于工业与建筑业，其对环境影响巨大，如何减少交通出行所产生的碳排是该领域下服务设计重点关注的命题。尽管出行系统形式丰富，服务也多种多样，但在服务创新上很多情况下属于"共享经济"模式下对出行资源的再分配与灵活调用，是对交通设施系统的重组与优化，以缩短或替代不必要的移动路径来减少碳排，提升出行资源的利用率，并提供公平的出行机会。下文将逐一讲述服务设计如何发挥闲置车位的价值，又如何让话题不再新鲜的"共享电单车"重新焕发活力，此外还考量了出行的人文价值，如何给予无法平等享用出行资源的群体更包容性的服务。

1. 凤凰会城共享停车

如今，中国有超过2.6亿辆私家车，人们过去常常和多达43辆其他的汽车抢一个停车点。然而，私人停车位的平均空置率高达63%，公共停车位的短缺导致了许多问题。对此，呼吁居民共享他们的空置停车位，提高私人停车位的利用率。

[第三章] 服务设计与可持续创新实践

凤凰会城是中国以城市居住社区和市民为基础的服务体系，通过构建一个停车位的租借平台，可以让在外上班的小区居民出租自己闲置的停车位，让在小区附近找不到合适车位的用户匹配到合适车位，更方便地在该小区附近办理事务。具体来讲，该平台主要与生活在CBD附近的居民合作，大型商超、金融证券等人员与车辆密集的场所通常开设在其附近，而其提供的停车位常常是紧缺的，此时需要前往该地办理事物的用户将根据输入目的地、时间等信息由平台推荐在该地附近可供使用的小区私人车位，用户到达目标社区时门禁系统可以自动识别用户车辆，停留时间也可在平台上与车位所有者沟通灵活调整，在离开时由平台实现转账，车位所有者可以在平台上查看所获利润。与其他平台不同的是，FHH·City拥有大量的物业资源，模式覆盖性强，不仅改善了业主的利润流，还为用户提供更广泛的可用停车位（图 3.1~ 图 3.3）。

该服务系统回应了联合国可持续目标中的"产业、创新和基础设施"，通过共享与分布式的商业模式创新，协调汽车车主、私人停车位业主和物业之间的利益关系，建立了一个易于利用、可持续的共享私人停车位系统，使车位资源得以公平使用，同时减少了找车位过程中产生的交通拥堵现象，有效降低了碳排放（图3.4）。

图 3.1
FHH·City 临时租借小区停车位的
共享车位服务

服务设计与可持续创新

2. Lime 低碳短途出行

在全球范围内，共享电单车的发明较好地解决了出行"最后一公里"的烦恼，缓解了开车出行的碳排量，其相较共享自行车优势也非常明显——缩短骑行时间提升了出行效率。但如何让共享电单车更加绿色，欧洲最大的共享电单车服务商 Lime 给出了独特的解决方案。

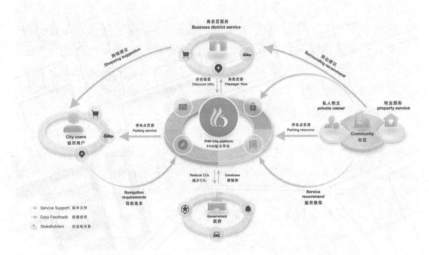

图 3.2
服务模型
（图片来源：Country Garden PDC、Fenghuanghui Information Technology 绘制）

图 3.3
界面展示
（图片来源：Country Garden PDC、Fenghuanghui Information Technology 绘制）

可持续创新点

1 资源去中心化 缓解使用压力

着重解决城市地区公共停车位的紧缺问题，例如商场、银行等，提供在这些场所周围、分布更加分散的私家车位，缓解集中式停车场所的车位压力。

2 发挥闲置车位 使用价值

提高了私人停车位的利用率，使闲置资源的利用率最大化，实现所有者与租借者的共赢。

图 3.4
凤凰会城共享停车的可持续创新点

[第三章] 服务设计与可持续创新实践

　　Lime 是第一家使用可再生能源为旗下所有电动自行车、电动滑板车、仓库和办公室提供动力的共享电动汽车公司（图 3.5）。为了应对气候变化，让城市更健康、更宜居，Lime 在共享电动自行车与滑板车服务系统设计中采用一系列措施推动城市交通走向共享、电动和无碳的未来：推出的 Gen4 电动自行车，使用可更换电池并可以与 Lime 的 Gen4 滑板车互换，减少车辆充电频率；与其他公司合作重复利用损坏的电动滑板车和电动自行车零件，致力于使循环供应链尽可能紧密；使用当地的可再生能源，帮助推动可再生能源在行业之外的应用；摒弃碳排量最高的运输方式，尤其是空运（图 3.6~ 图 3.8）……

　　以上种种行径为共享单车行业提供了更为可持续的发展思路，分布式可再生能源避免了长途输电所产生的能源损耗，通用零件也让废弃车辆的核心充电装置等模块重获新生，增强了其循环利用价值，并

图 3.5
Lime "出行无碳化"的共享电动自行车、滑板车服务系统

图 3.6
将共享电单车的电池装入电滑板车当中
（图片来源：Poste Golden 拍摄）

▌服务设计与可持续创新

可持续创新点		
1 零件、电池标准化模块化，可互换 Gen4电动自行车与Gen4电动滑板车之间电池可更换、互换，减少车辆充电的频率；且报废的电动自行车的通用零件可以安装在需要的电动车上。	**2** 使用分布式可再生能源 与全球各地城市的合作伙伴合作，使用当地的可再生能源，为服务系统中的电单车、仓库等设施供电。	**3** 会员服务与植树活动关联 与One Tree Planted合作，每位注册Lime Prime的新骑手会为地球种一棵树，会为这个世界增添一点绿色。

图 3.7
Lime 低碳短途出行的可持续创新点

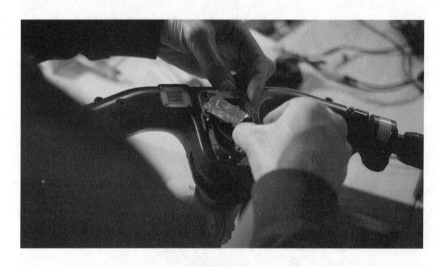

图 3.8
更换部分损坏的零件
（图片来源：Poste Golden 拍摄）

且可以根据城市内不同区域的需求情况，灵活转移滑板车与电单车的电源，提升了使用效率，而电单车的租借也是市民可负担得起的价格，降低了出行成本。截至目前，Lime 用户帮助取代了约 7500 万次汽车出行，有效减轻了城市拥堵，共计减少了约 3 万吨二氧化碳排放，回应了联合国可持续目标中的"第 7 项：经济适用的清洁能源"和"第 11 项：可持续城市与社区"。

3. 浙江南浔乡村客运

浙江南浔石淙镇的"镇村预约公交"是数字化改革理念在公共交通领域的一次全新尝试。根据农村居民个性化出行需求，灵活调整公交运力，规划最优路径，快速进行公交资源动态调配，实现效率最优，做到"线上预约、时时上车"，力求"因需求而生，随需求而变"。那么预约是如何方便了村民的出行的呢？在 7 个行政村及镇域

[第三章] 服务设计与可持续创新实践

人流集中点共建设 7 座交互式电子站牌的一体化站亭、3 座预约服务桩,通过电子站牌或预约服务桩建立乘客与运营主体的交互模式。5 辆 13 座微型新能源公交车停靠在公交换乘中心,满足村镇居民的出行需求。只要在电子站牌点击屏幕上的"一键叫车",指令就会传送至公交智慧大脑,公交大脑便会自动生成最佳路线并将及时派出公交车辆接回乘客,保障农村乘客在站台候车时间不超过 15 分钟,实现出行需求与运力供给的实时共享与精准匹配(图 3.9~图 3.11)。

该项目的建成打破了传统农村公交不通行政村、站台距离远、等车时间长的困境,为村镇居民提供了和城市居民一样能随时搭乘公交的权益,使乡村向智慧化现代化的方向发展,缩短了城乡发展不平衡的差距,回应了"减少不平等"的可持续发展目标。另外,采用预约响应公交覆盖农村出行"最后一公里",是农村公交的高效运行的新尝试,使得公交资源可以根据需求实现公交使用效率的最大化,规避了空载导致的资源、能源浪费问题,最近车辆的即时调配也节约了能

图 3.9
浙江南浔乡村客运预约服务(左)

图 3.10
村里的老人呼叫公交(右)
(图片来源:浙江之声记者吕瑞峰拍摄)

图 3.11
浙江南浔乡村客运预约服务的可持续创新点

可持续创新点	
需求导向的预约与发车	**路径优化调配最近车辆**
用户可通过服务桩、手机等终端点击"一键叫车",进行公交的预约,避免等待浪费时间,也节约公交按班次发车导致的空载、资源利用率低等问题。	公交公司接到接驳需求后,会调配离站点最近的公交停车场来发车,及时到达车站接送村民,提升了效率。

源消耗；同时，多样化的预约方式让村民出行更加便利，减少了出行等待时间，回应了"产业、创新和基础设施"的可持续发展目标。

二、物流

与交通出行领域主要面向消费者不同，物流服务在可持续的实践上主要在于B端的运维与管理。由于物流是连接生产制造与零售端的中间环节，其拥有众多的利益相关者，包括生产者、收购者、供应商、物流企业、货运司机与配送员等角色，其服务介入性强，如何协调好角色关系并维持行业运行是物流业中服务设计的主要话题，且现今消费水平的提高，线上购物习惯的形成也愈发使物流业壮大，对偏远地区的农民果农等群体来说物流服务则打开了农产品出售的新窗口。

1. 菜鸟收寄服务

菜鸟加速推进物流科技下乡，巩固农产品上行"最先一公里"及消费品下行"最后一公里"，通过数字化乡村服务站和农产品上行产地仓，助力乡村振兴。在下行"最后一公里"，建立了乡村物流服务体系并开设自动化配送中心，在物流服务站为村民提供取件、寄件等服务，许多服务站直接开设在乡镇的小商品超市，方便村民消费与取件，一些服务站也增设茶座与销售服务，为居民提供便利的生活配套服务，提升了村民生活质量；而在上行"最先一公里"，菜鸟对仓库数智化升级，并对农产品进行智能分拣，按成品等级定价，提高了农产品输出品质与全国范围的接受度，增加了供应需求，规避了滞销的风险并保障了农民的营收（图3.12~图3.14）。

因此，该项目回应了联合国可持续目标中的"无贫穷"和"产业、创新和基础设施"。乡村地区的农业产品由于远离城市，收购困难且运输成本高，经受着不平等的市场待遇，导致农村经济无法跟上城市的发展，收入的匮乏导致村民收入处于较低水平，而菜鸟物流下乡则连通了城市与乡村的供应链路，产业升级助力了农村脱贫脱困：通过乡下物流站与仓储的建设，以及智能技术的引入，为村民提供了就业岗位与收入来源，村民的农产品也可以更高效高质地售卖给城市居民，增加收入并繁荣了乡村消费。至今，菜鸟乡村共配中心自动化改造已覆盖全国25个省的150余个区县，平均每小时可提升产能40%。数字化产地仓也将深度服务30个以上的县域，推动农业产业升级，帮助农民增收，脱离贫困基线。

[第三章] 服务设计与可持续创新实践

图 3.12
菜鸟"两个一公里"收寄服务

可持续创新点		
物流服务站 混合经营	**农产品上行 分级售卖**	**物流数智化升级**
建设乡村物流服务站，为村民提供基本的取件、寄件等服务外，辅助经营小商品超市等生活配套服务，提升村民生活质量。	建设上行物流产地仓，承担了农产品的分级、品控的工作，例如根据脐橙的果径、克重、表面瑕疵，甚至是糖度进行分级，让农产品根据分级卖出不同价格，为农户创收。	注重乡村物流数智化升级，采用自动分拣、云监控、自助取件终端高拍仪等物联网设备提升效率。数字化农产品产地仓深度服务30个以上的县域，推动农业产业升级，帮助农民增收。

图 3.13
菜鸟"两个一公里"可持续创新点

图 3.14
菜鸟乡村上行物流中心工人在分拣
沃柑
（图片来源：新华社记者杨静拍摄）

三、零售

零售业支撑着大众消费市场，大众的一日三餐、日用品消费、每日着装都离不开各种性质、各种形式、各种规模的零散网点销售活动——小到便利店、菜市场、超市，大到连锁餐饮、商场、购物中心。为了减小零售业的碳排放量与商品资源的浪费，尤其在经营生鲜类商品的企业，在B端多采用缩短供应链的方式，采用分布式经济统筹生产与配送，本地采购、线下加工、线上购买的新商业模式，一方面提升了商品配货的弹性从而避免浪费，一方面避免了远距运输产生的能耗；此外也正是由于零售业的规模庞大，其也是最能通过服务的介入来引导消费者绿色消费的途径，下文将讲述C端售后的完整回收服务等助力可持续的消费行为，塑造可持续的消费观念。

1. 盒马鲜生——全链路零售

盒马鲜生是采用本地化生产与全链路供应的"新零售"商业模式典范。其构建去中心式结构的食物体验中心，首先由本地生鲜食品基地就近向本地食物体验中心货仓规模化冷链配送，然后由本地食物体验中心向用户销售生鲜食品，最后用户按地理位置就近聚合到本地食物体验中心购买生鲜食品、在店内直接购买烹饪就餐或提供用户智能物流运送到家的服务。在这一过程中，盒马鲜生对销售的生鲜食品提供全生命周期的服务，降低用户产生因品质低、不退货、无法烹饪、物流慢等成本，避免分布式食物生产（Distributed Production of Food，DF）生鲜食品的中断。其生产资源类型为食物，展现了分布式经济（Distributed Economy，DE）的本地化、小规模、生产者接近消费者、可连接、灵活的特点，更具环境、社会和经济效益。

盒马的服务与商业模式创新回应了可持续目标的"产业、创新与基础设施"以及"负责任消费和生产"。在环境效益上，当地用户获取的食物资源为本地生产，供应灵活且运输链路短，一方面避免了仓储积压导致的食物浪费，另一方面避免了远途运输导致的碳排，另外仓储、零售、加工、烹饪的一体化更是直接取消了供应链中的多环链路，大幅减少了环境影响；在社会效益上，该模式赋权个人和当地社区，盒马鲜生的多地覆盖使用户获取食物资源的机会更加平等，也通过改变居民的消费模式（线下购买生鲜并在场加工食用）让其从行动上感知并提升了绿色消费意识（图3.15~图3.17）。

[第三章] 服务设计与可持续创新实践

图 3.15
盒马鲜生新零售服务系统

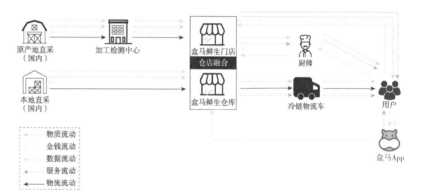

图 3.16
基于仓储融合的盒马系统图
（图片来源：马可，何人可，张军，高梦绘制）

可 持 续 创 新 点		
线下门店整合零售与仓储	**分布式生产灵活有弹性**	**消费习惯挖掘减少剩余**
门店是线下生鲜卖场、线下餐饮店，同时是线上盒马 App 的存储仓库和线上订单商品分发中心。采用货架即仓储的仓店一体化模式。每一个小规模的盒马门店可以独立运营，也可以共享各种生鲜食品。	生鲜货源从本地采购，缩短供应链路，保证商品新鲜可溯源，且减少了运输过程中的碳排量，可根据需求灵活采购，防止了仓储积压导致的生鲜品质下降。	将收集到的客户数据汇总到数据库进行数据分析，根据用户的消费行为挖掘其需求和偏好，制有针对性营销策略，指引商品采购和品类开发，合理进行库存管理和品类的调整，最大化减少剩余。

图 3.17
盒马鲜生的服务可持续创新点

2. 雀巢咖啡胶囊回收

Nespresso 咖啡是一种胶囊式冲调咖啡，在一颗颗铝制胶囊中装有不同口味的咖啡粉。用户在使用时只需将喜欢的咖啡胶囊放入咖啡机，咖啡机就会自动完成咖啡制作，非常方便快捷。然而，咖啡胶囊被使用后会剩下铝制包装和咖啡渣，如果任凭它们被随意丢弃，会引起严重的浪费和环境问题。Nespresso 从设计之初就考虑到了可持续的问题，采用铝制包装不仅是为了保证咖啡的新鲜度和品质，更是因为作为天然金属的铝可以无限次循环利用，这让原本会产生大量废弃物的咖啡零售业摇身变为可持续的先锋。

Nespresso 为胶囊咖啡的回收专门设计了服务系统。用户在购买胶囊咖啡的时候会收到一个环保回收袋，鼓励用户将用过的咖啡胶囊收集起来。当收集到一定程度后，用户可以将这些胶囊带到附近的 Nespresso 门店或回收点，或者通过微信小程序线上预约服务人员上门回收胶囊。Nespresso 收到回收的胶囊后会对胶囊进行妥善的拆解、清洗，将铝壳和咖啡渣完全分离。其中，铝壳经过提纯后会 100% 转化为日常生活中的其他物品，比如一颗新的咖啡胶囊、自行车、瑞士军刀、椅子、钢笔、窗框或表盒；而咖啡渣则会被处理为富含营养的混合肥料，再次回归土壤养育农作物，甚至转化为公交车动力的绿色能源。因此回应了"负责任消费和生产"的目标，通过该项回收服务实现金属、有机物等资源的充分利用，减少废弃，并提升了咖啡爱好者的环保回收意识（图 3.18~ 图 3.21）。

四、金融

由于金融业不依托于实体商品的交易而存在，因此也不会产生零售业需要生产、运输商品所产生的碳排，而金融机构中所消耗的建筑能源、数据存储处理产生的电力、金融从业者差旅公事中产生的交通碳排放……都不属于金融业碳排放的关键特征，金融业为可持续目标所践行的实践重心也并非在此，因此不做赘述。银行除了通过金融行为投资公益外，作为典型的大众性金融服务机构，较为普遍的可持续措施是采取与消费行为绑定的服务来提升消费者的环保意识，让消费者对自己的碳排负责。例如与支付结算服务结合追踪每一次消费背后的碳排放并呈现在用户账户中，或者建立个人"绿色信用"，引导用户培养绿色的生活方式等，回应了可持续发展的"目标 12：负责任消费和生产"。

[第三章] 服务设计与可持续创新实践

| 服务与商业 | 零售 | 零售售后 |

Nespresso

咖啡胶囊回收计划：回收铝壳和咖啡渣

设计方：Nespresso
客户：Nespresso

12 负责任消费和生产

图 3.18
Nespresso 咖啡胶囊回收计划

可持续创新点

100%可回收材料循环利用

摒弃塑料包装，采用可以无限次循环利用的铝制包装，技术上实现了铝的100%回收利用；咖啡渣也在这一过程中得以分离，并成为富含营养的混合肥料。因此Nespresso在材料上做到了零浪费。

便捷完善的回收服务链路

提供门店回收、回收点回收、线上预约上门回收三种服务，为消费者提供了便捷多样的选择；打通回收链路，让回收物能够畅通无阻地得到妥善回收处理，实现了"从摇篮到摇篮"的理想模式。

图 3.19
Nespresso 咖啡胶囊回收计划的可持续创新点

图 3.20
将用过的铝制包装装入回收袋（左）
（图片来源：网络）

图 3.21
线上预约上门回收（右）
（图片来源：网络）

- 061 -

1. "波罗的海"信用卡服务

消费和我们生活方式的副作用正在侵蚀我们的星球。波罗的海也不例外,富营养化和毒素正在一点一点地杀死海洋和海床。芬兰是世界上最"无现金"的国家,是数字和卡交易使用率最高的地区,但也是拥有污染最严重的海洋之一的国家。

奥兰银行发起了一个名为"波罗的海"的服务项目,该项目主要围绕可生物降解的信用卡——"波罗的海"信用卡展开,用基于金融风险数据、商品分类代码以及碳足迹的奥兰指数来衡量用户真正的消费成本。持卡用户可通过每个月的银行账单看到其支出对环境的影响,并通过改变消费习惯或捐赠等形式为本地或全球环保计划作出贡献(图3.22~图3.25)。

该项目回应了可持续发展目标中的"负责任消费和生产"与"水下生物",通过让用户在日常支付与消费行为中传递给用户自身的消费行为与对应产生环境影响的信息,感知到海洋恶化的危机与需要通过行动保护环境的意识,提醒人们每个人都可以为改善局势作出自己的贡献。该项目的目的是让该银行的所有客户参与进来,以挽救波罗的海免于进一步恶化,并筹集应对波罗的海生态环境恶化的资金。

图 3.22
"波罗的海"信用卡服务

[第三章] 服务设计与可持续创新实践

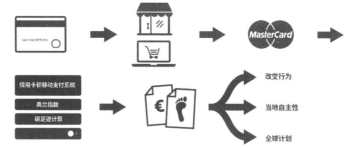

可持续创新点	
可降解银行卡作为支付媒介	**消费行为碳评估**
"波罗的海"信用卡是有环保意识的消费者的信用卡和借记卡。"波罗的海"信用卡也是世界上第一张由环保材料制成的支付卡,通过日常消费行为潜移默化培养用户绿色消费意识。	银行根据行业类别估算购买信用卡对环境的影响。可以在网上银行和移动银行查看用户每月的个人碳足迹估算值。可以通过改变行为或资助当地或国际环境基金会等方式回馈大自然。

图 3.23
"波罗的海"信用卡服务的可持续创新点

图 3.24
奥兰指数运作流程
(图片来源:网络)

图 3.25
服务的核心业务
(图片来源:网络)

自 1997 年以来,支持环境保护活动一直是奥兰银行活动的一部分。迄今为止,该项目已为保护海洋系统筹集到了 380 万欧元(图 3.26、图 3.27)。

图 3.26
查看个人碳足迹(左)
(图片来源:网络)

图 3.27
资金用于清理海洋垃圾(右)
(图片来源:网络)

第二节　服务设计与企业发展

"服务思维赋能企业运营，塑造应对市场变化能力与社会责任。"

一、提升企业创新能力

在企业能力的培养上，可持续目标要求企业拥有应对内部外部各类形势的能力，对外例如疫情与随之诞生的经济危机、对内则例如人力资源短缺等关乎企业能否正常运作的管理型问题，下文的案例也主要围绕这两个方面展开。这些问题都多多少少关乎企业在危机下的存亡——能否扭转不利形势存活，能否在萧条与低迷下渡过难关，而服务的介入为企业提供了新的应对视角：人力资源短缺的情况下，通过利益相关者的集结与招聘活动、系统的重构，企业可以获得更多空闲的人力资源；而在疫情的特殊时代背景下，企业通过服务创新可以重组现有的人力、物料、商品资源并通过商业模式创新拓宽销售渠道，弥合营收的亏欠……由上，企业变得有能力扩张并覆盖劳动市场与消费市场，更能适应市场变化。

1. MoonRise 在线人力资源

对于小型企业来说，劳动力的减少（员工的请假、缺席等）会直接影响每日的正常运转与营收，不利于企业保持竞争优势与可持续发展。在实际调研中发现，如今美国很多企业都依赖于按需工作的模式，例如季节性仓储、零售值班等。这些企业也希望通过中介机构获取更灵活的劳动者以应对日常运营的突发情况。因此 IDEO 联合美国家庭保险（American Family Insurance）打造一个以"灵活雇佣关系"为核心理念的在线招聘平台 MoonRise（https：//moonrise.works），借助公众积累储蓄、减轻预算压力的需求，撬动其更主动地化身劳动力涌现在招聘市场当中，提供符合条件的就业服务，以供企业动态招募，填补工位空缺（图 3.28、图 3.29）。

MoonRise 平台让用户（也就是 MoonRiser）通过简单的文本消息界面，向与美国家庭保险的合作企业申请轮班，并在轮班结束后立即获得工资转账，无需缴纳自雇税金。与 MoonRise 签约的雇主可以在该平台上列出开放班次。他们还可以将个性化的简历卡挂在平台上，让他们在与雇主的互动中表现得更为专业（图 3.30）。

该项目回应了联合国可持续目标中的第 8 项：体面工作与经济

[第三章] 服务设计与可持续创新实践

| 服务与企业 | 企业能力 | 应对人力空缺 |

MoonRise
一套基于"灵活雇佣关系"的在线招聘服务

设计方：IDEO
客户：美国家庭保险公司

8 体面工作和经济增长

图 3.28
MoonRise 在线招聘服务

可持续创新点

在线岗位
灵活聘用

疫情之后MoonRise为雇主与劳动者开放远程工作的机会，拓宽了雇佣途径。但有待开发进一步的远程技术以纳入更多样的专业劳动力，支持更多样的工种替补。

开放班次
提升雇佣效率

雇主企业开放可供申请的班次与岗位，可以让劳动者快速理解并选择适合自己时间的工时，避免沟通成本，提升了雇佣可能性与机会，更利于企业及时应对岗位临时空缺。

个性化
工种推荐

劳动者在 App 上填写的个人信息，首页推荐符合的工种，不仅让劳动者在擅长技能中保持体面与尊严，还可以让企业在特殊岗位上招聘到专业人士，尽最大可能发挥雇佣价值，提升企业综合绩效。

图 3.29
MoonRise 在线招聘服务的可持续创新点

图 3.30
轮班后，MoonRiser 会立即获得工资转账。MoonRise 还可以帮助员工跟踪财务目标的进展情况
（图片来源：IDEO 绘制）

服务设计与可持续创新

增长。在经济增长上，对于雇佣企业来说，得益于劳动者的专业多元性与灵活性，管理部门可以动态地调配劳动资源到相应的岗位上，甚至在经济低迷萧条时期而导致的裁员等重大企业决策与变动，也可以通过雇佣临时短期劳动力这种较低成本且灵活的方式渡过难关。在体面工作上，秉持"人人都有机会获得体面工作"的宗旨，增加就业机会，劳动者可以自由选择符合自己特长与兴趣的工种，维护了劳动者的自主权与劳动尊严。

2. 眉州东坡应对危机经营服务

2020年，新冠疫情给传统的餐饮行业带来了冲击。而眉州东坡在新的困难中，通过打通产业链、开发新品类，不仅活了下来，还开拓了新市场，走出了一条新路（图3.31）。

借助超市庞大的客流，眉州东坡把餐饮"零售化"。面积不到20平方米，没有堂食区，只支持外带，卖主食和卤味。其率先打入了一个除堂食、外带、外卖、电商等以外的另一种模式——超市零售模式。超市零售包子、小菜、卤菜，还有鱼香肉丝、速冻南瓜糕等半成品，价格上也低于门店，在相同价位下，与超市其他一众不知名的品牌相比，眉州东坡积累的人气和市场让消费者很是放心，最终实现了

图 3.31
眉州东坡新开发的服务模式

[第三章] 服务设计与可持续创新实践

可持续创新点		
餐饮零售化 增加销售机会	**增加半成品 同城配送服务**	**完整产业链 布局**
借助超市的客流，在超市内安放零售店或在门店销售囤积的蔬菜，打造了一个不是堂食、不是外卖，也不是电商的全新的零售方式，在低迷的市场环境下争取了更多的销售机会。	通过中央厨房加工半成品食品，再通过全市物流将正餐、小食、外卖进行配送，让用户在家烹饪，避免了配送过程中菜品品质下降并增加了销售机会。	从饲养、繁殖、屠宰、加工、冷冻、零售、配送再到餐桌，眉州东坡形成了食材溯源的全链路供应链以抵抗未来风险并保持可持续地发展。

图 3.32
新模式的可持续创新点

图 3.33
为社区配送半成品（左）
（图片来源：网络）

图 3.34
餐饮门店销售囤积的食材（右）
（图片来源：网络）

单日最高营收 7 万元。全市门店还开通了服务周边 3 公里以内的社区接龙、统一配送服务。同时，通过电商、直播、菜站 App、菜篮子小程序、迷你店等，将这些中央厨房的成品、半成品直接卖到社区，价格比堂食和外卖更便宜（图 3.32~ 图 3.34）。

眉州东坡在疫情期间很好地做出了联合国可持续发展目标中"产业、创新和基础设施""体面工作和经济增长"典范。在疫情中餐饮行业受到重创的情形下，通过勇敢跨界尝试，在市民商超囤货的消费行为中抢占销售机会，在各社区配送半成品弥补无法堂食导致的营收下降……通过各类型的商业模式创新持续创造营收渡过难关，全产业链布局更是提升了其应对危机的能力，在未来若遇到食材供应商无法正常提供货源的情况下能及时地从企业旗下的养殖场与农园获得新鲜食材，实现了企业内的运营闭环。

二、企业社会责任

企业责任是大型企业不可或缺的一项重要使命，昭示着企业不应仅仅专注于开展商业活动、累积资本、创造收益，还应该回馈社会与

服务设计与可持续创新

自然——通过提供公益服务的方式。开展公益服务正是一种可持续实践,因为其旨在帮扶处于平均水平以下的群体,改善处于平均水平以下的消极情形,例如生态退化、农村地区的贫困问题等,下文的案例则从社会角度出发,阐述企业通过投资、动员与号召、运用企业技术优势、与公益组织合作等途径承担社会责任。

1. 乡村妈妈加速计划——承担社会责任

非物质文化遗产作为中华民族瑰宝,其保护与传承在乡村建设和发展中有着不可忽视的作用。现如今乡村传统手工艺的年轻传承人越来越少,且缺少专业运营、经验和宣传渠道,传统手工艺品很难走出乡村也无法带来太多经济收入,为了解决这些问题,星巴克通过在乡村培育和孵化非遗合作社,开展相关服务赋能合作社带头人,帮助乡村低收入妇女居家就业创业,助力非遗文化传承和乡村经济发展(图3.35)。

为了让非遗合作社的运营效果更好,星巴克针对非遗合作社带头人及骨干开展管理、销售、法律、财务、电商运营等线上线下培训课程,同时为每家合作社引入专业设计师团队,对其设计及产品进行

图 3.35
乡村妈妈加速计划

升级。项目不仅为合作社的手工艺人带来了生产订单,也帮助他们创新思维,提升技艺。为了解决当地妇女就业问题,向合作社女性提供手工技艺和创作能力培训。通过星巴克线下门店开展了关于耳枕、皮雕、黎锦、农民画相关的非遗沙龙,线下体验嘉宾近2000人,抖音话题"唤醒非遗活力,加速吧妈妈"点击量超过320万人次(图3.36)。

项目将目标放在了云南省、贵州省、江西省等地的贫困地区,通过该项目解决一部分贫困地区妇女的工作问题与经济问题,回应了可持续的第一个"无贫困"的目标。项目同时与中国妇女发展基金会合作,赋能贫困地区的超过1500名低收入乡村女性,将乡村女性从家务劳动中解放,重获与男性相同的生产与工作机会,从适合自己的创作性劳动(扎染、蜡染等)找到工作尊严,回应了可持续第5个目标"性别平等",提升了工作技能并推动了乡村地区的经济增长(图3.37、图3.38)。

可 持 续 创 新 点		
资金资助 孵化非遗合作社	**从家务中解放 发挥女性价值**	**连锁影响力 增加社会曝光**
借助企业财力,建立十种非遗文化的合作社,对合作社内管理、销售等带头人进行培训,同时为每家合作社引入专业设计师进行产品升级,从而让非遗合作社的创新与销售更加丰富有力。	针对蜡染、耳枕、皮雕等非遗技艺,为农村中苦于家务劳作而无收入来源的贫困女性提供符合其专长的技艺培训,最大化发挥女性的创作劳动价值与尊严。	借助星巴克的连锁布局,在天津、北京、福州等地开展了线下的关于耳枕、皮雕等的非遗沙龙共48场,线下体验人数近2000人,抖音点击量超320万人。

图 3.36
乡村妈妈加速计划的可持续创新点

图 3.37
乡村妈妈培训会(左)
(图片来源:网络)

图 3.38
星巴克非遗文化体验场馆(右)
(图片来源:网络)

第三节 服务设计与能源、资源

"规范能源、资源的使用与回收,减小环境影响。"

一、建筑运行

建筑作为城市碳排放的主要来源,其占地面积在全球占比高达30%,在部分发达城市例如纽约、伦敦、东京、北京等地则达80%以上。而在我国,建筑行业所产生的碳排放量占比达21%,其中主要为建筑的运行能耗,并且呈现出逐年增大的趋势。因此,若想践行"双碳目标",推进低碳城市,需要建筑节能先行。下文将介绍楼宇办公与光伏管理两个场景,阐述楼宇中如何通过服务规范引导C端使用者的用能活动以减少不必要的能源浪费(办公建筑中的上班族与办公系统),以及如何让B端楼宇管理者更高效地管理产能、储能系统(楼顶光伏的产能管理与运维),让电力能源可以"物尽其用",尽可能减少能耗。

1. Webex 楼宇办公服务

商业办公型建筑的运行能耗是建筑碳排的大头,也是很多楼宇服务提供商着重关注的场景。而一栋楼宇的管理系统中通常功能是有所区分的,例如智慧楼宇系统负责控制楼宇的基础功能运行:监控、安防、通信、动力等模块;能源管理系统则专门负责楼宇的能源运维与审计,包括各种用电设备:照明设施、电器终端、暖通空调等;而由楼宇内活动性质所决定的专业管理系统则保障了室内活动的正常开展,例如在教学建筑中集成了各类教学终端的多媒体系统、在医院建筑中的医务管理系统……本案例将重点讲述办公建筑中用于联系职员并连接各类办公电器的办公系统,以及 Cisco 如何创新性地将其和能源管理系统整合在一起,提供一套名为 Webex 的混合型办公服务,以提升能源管理与使用效率(图3.39、图3.40)。

在 Webex 完整的体验流程中,首先秘书会通过 PC 端口为主管开会预定会议室,随后主管手机会收到会议日程与会议地点提醒,其中会议日程信息会控制会议室灯光在会前自动开启,并15分钟前自动开启空调,告示板也会随之亮起,主管到达会议室后进行会议,在会议结束后,室内安装的运动探测器会感知室内情况,如果人员全部离开,会控制室内空调与照明系统的关闭;随后楼宇的能源管理系统会从

服务与能源、资源	建筑运行	楼宇办公

Webex

一套与楼宇能源管理系统整合的的办公服务
以提升能效管理与使用

设计方：Cisco

图 3.39
Webex 楼宇办公服务

可持续创新点		
系统集成 全局检测能耗	**会议预订 与用能绑定**	**能耗费用 结算到用能者**
连接和控制之前分散且孤立的系统，形成系统性的办公解决方案，包括桌面终端、智慧大屏、暖通空调、照明系统等，实时检测各类型用电设备能耗。	楼宇内的办公人员预定会议与时长后，在会议开始前与结束后自动开启关闭会议室内的用能设备，例如照明、暖通空调、提示板、智慧大屏等，有利于高效利用电能，避免浪费。	会议室使用结束后，所产生的能耗将结算到使用会议室的部门，确保责权明确，树立办公人士的规范用能意识。

图 3.40
Webex 办公服务的可持续创新点

Webex 系统中调用会议室设备使用数据，然后将能耗费用结算到使用了此会议室的部门，最终形成体验与用能的闭环（图 3.41、图 3.42）。

服务设计介入智慧建筑达到体验与节能的平衡将是未来建筑运行减碳的一条可行路径，回应联合国可持续发展目标的“可持续城市和社区”与“负责任消费和生产”。直接从能源角度遏制了过量的建筑运行碳排放，减小了城市碳负荷；并通过能源管理与办公服务绑定，让能耗使用可追溯，规范了员工的用能行为，引导楼宇人员采用更节能的办公方式助力减碳。通过部署智慧楼宇服务能够重新定义办公场所的价值，在保障员工办公良好体验的基础上，大幅降低能源消耗。

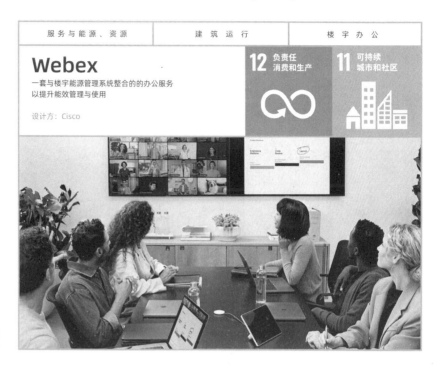

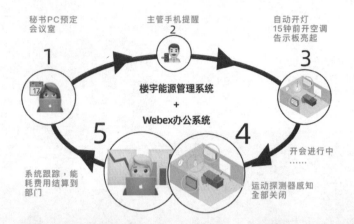

图 3.41
服务体验流程图
（图片来源：作者自绘）

图 3.42
办公人群与办公系统终端
（图片来源：网络）

根据统计，Cisco 在过去五年全球项目累计节约 140GW·h 的能耗，已实现使用清洁能源超过 85%，相当于节省 62000 吨的二氧化碳排量。

2. SolarEdge 光伏管理

对很多楼栋管理者来说，电费高昂是个长期的困扰，无论是商用建筑、办公建筑，又或是科教文卫类型的建筑，都存在着众多的用电情况：包括照明用电、终端电气用电、暖通空调用电等，逐渐上升的用电需求呼吁新的供能形式。安装在楼宇顶层的光伏系统则可以解决如上的问题，光伏系统能让楼宇实现电能的自发自用以降低电费开支，为了高效管理光伏系统与能源使用行为，SolarEdge 提供了一套全链路服务（图 3.43）。

[第三章] 服务设计与可持续创新实践

| 服务与能源、资源 | 建筑运行 | 光伏管理 |

SolarEdge楼宇光伏

囊括售前方案设计、安装、到售后维修的
一站式光伏管理服务

设计方：SolarEdge

7 经济适用的清洁能源　　**11** 可持续城市和社区

图 3.43
SolarEdge 光伏管理

　　首先 SolarEdge 为客户，也就是楼宇管理者提供售前规划设计、安装的服务。借助 SolarEdge 提供的开发平台，服务商可以为楼宇管理者提供因地制宜的光伏安装方案，得益于方案的个性化定制，发电收益可以提升 20%。而在安装完成后的运营环节，光伏管理与监控平台也可以让用户实时跟踪监控产能数据，通过图表等可视化形式直观显示光伏性能、财务表现、发电用电量等信息，并在光伏模块出现故障时精准定位方便售后人员展开检修（图 3.44~ 图 3.46）。

　　本服务系统回应了联合国可持续发展目标中的"经济适用的清洁能源"与"可持续城市与社区"。通过在楼宇顶层装载光伏系统，让

可 持 续 创 新 点		
提供因地制宜的光伏规划	**精准定位故障便于及时修复**	**跟踪监控数据调整产能策略**
借助专用的设计开发平台，通过系统模拟比较、投资报酬率分析、发电成本分析等方式对楼宇进行设计规划，节约后期的安装成本，并最大可能提升产能能效。	光伏管理监控平台上精准显示可视化的故障模块，便于维修人员到达现场后快速开展维修与支援，缩短了光伏系统的故障时间，提升了光伏系统的修复能力。	通过图表等形式直观显示光伏性能、财务表现、发电量、用电量等信息，并可生成分析报告，以帮助楼宇管理者及时作出决策，调整产能策略，或规范楼宇的用能行为，以降低能耗。

图 3.44
SolarEdge 光伏管理的可持续创新点

– 073 –

图 3.45
光伏管理监控平台（左）
（图片来源：网络）

图 3.46
故障定位（右）
（图片来源：网络）

开放清洁的太阳能源被更多的人享用，惠及了楼宇内的居住者、活动人员，得益于 SolarEdge 提供的全链路服务，保障了每一处安装了光伏系统的建筑都能够稳定获得产能效益并更好规划用能计划，助力于提升能效并减少能耗；而在城市层面，高楼林立的城市中各类型建筑都可以安装光伏系统，扩充了城市获取能源的途径，减缓了火力发电与输送的压力，提升了城市产能的灵活性，减小了供电依赖，有利于建筑行业实现减碳目标。

二、城市治理

上文阐述了城市中的建筑作为能源大头的减碳实践，而在资源方面则将视野转向人类日常消耗、管理资源的城市活动。大众的过度消费导致家中闲置物的堆积，并产生了更多的生活垃圾，一些闲置品最终也难逃被废弃的命运。在我们赖以生存的城市与社区中，如何妥善处理这些使用过后的资源，或发挥其价值实现充分利用，是本主题案例要探讨的话题。在城市中存在着两种不同的服务体量，在以社区闲置资源交换为导向的"旧物共享"之外，还有较为大型的市政型服务也发生着管理模式的创新性转型：从原先的市级环卫部门集中清运到现在更多企业与社会组织的加入，形成了"自下而上"治理的新局面，下文的案例正是该导向下的新型垃圾管理系统。本主题专注于应对联合国可持续发展的"目标 11：可持续城市和社区"。

1. 全链路垃圾分类回收管理服务平台

桑德新的智慧化垃圾分类是一个以智慧云为中心，利用互联网、移动互联网、云计算等相关技术于一体的综合大数据服务平台。其两网融合模式以"好嘞"社区为切入点，打破了传统的垃圾分类回收业务模式，减少中间服务增项环节，建立了自己独有的垃圾分类回收体系（图 3.47）。

[第三章] 服务设计与可持续创新实践

图 3.47
桑德新垃圾分类回收管理服务平台

　　线上端由互联网环卫云平台与"好嘞"App 构成,与环卫车辆、智能分类回收箱、智能手环设备连接,实施有效管控。线下端由"好嘞"社区服务亭和智能回收箱组成,常驻服务亭的志愿者为社区居民进行生活垃圾分类指导、再生资源回收、环境常识普及等动员宣传,居民按照步骤把废弃物放进智能回收垃圾箱后,在"好嘞"App 获得积分并且兑换生活日用品,整个分类工作即完成。当智能回收箱到达一定量时提示灯会亮,工作人员就会及时清运清理(图3.48~图3.50)。

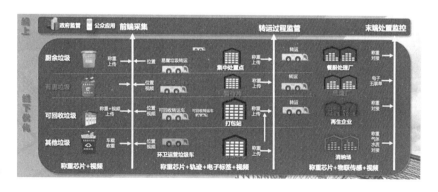

图 3.48
垃圾分类管理平台工艺流程图
(图片来源:网络)

- 075 -

2019-09-28
[晴 25℃-31℃]
垃圾分类监控平台
垃圾类别占比
覆盖率
总户数
参与率
知晓率
正确率
100%
100%
93%
100%
知晓率排行
正确率七天趋势图
参与率趋势图

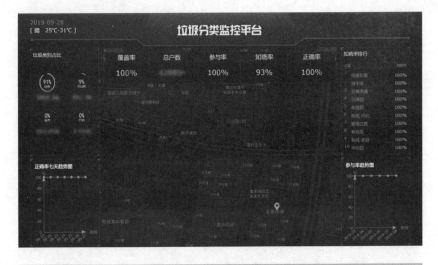

图 3.49
垃圾分类管理平台
（图片来源：网络）

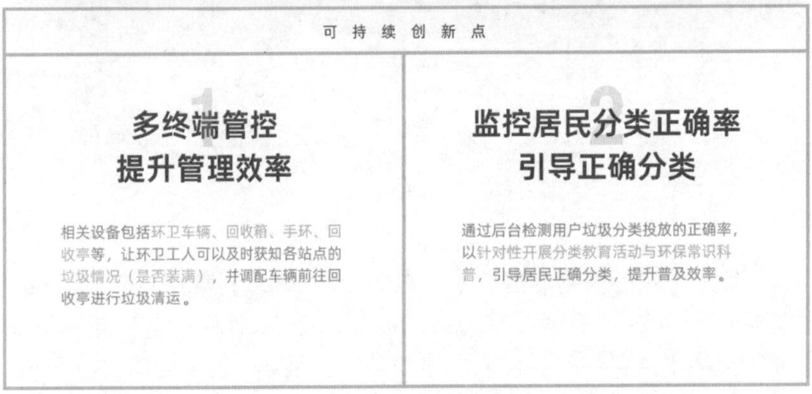

可持续创新点
1
多终端管控
提升管理效率
相关设备包括环卫车辆、回收箱、手环、回收亭等，让环卫工人可以及时获知各站点的垃圾情况（是否装满），并调配车辆前往回收亭进行垃圾清运。
2
监控居民分类正确率
引导正确分类
通过后台检测用户垃圾分类投放的正确率，以针对性开展分类教育活动与环保常识科普，引导居民正确分类，提升普及效率。

图 3.50
桑德新垃圾分类管理平台的可持续创新点

该项目通过加强垃圾回收管理回应“可持续城市与社区”的发展目标。在社会效益上，垃圾分类是全民参与的社会化行为，居民的积极参与和有效的分类运输与处置是垃圾分类成败的关键。在这个过程中，是否具备数据化管理、挖掘与分析的能力尤为重要。本解决方案能够帮助运营者与管理者掌握垃圾分类前端分类收集、中端分类运输、后端分类处置的全环节情况，真正为“垃圾分类”这一社会行为提供帮助；在环境效益上，减少了垃圾填埋与焚烧量，提高了可再生资源利用水平，降低了环境污染。

第四节 服务设计与社会

“通过公共服务与社区共创保障人类生存福祉与文明发展进程。”

一、公共事业

公共事业向来是由政府提供的公共服务,国际劳工组织定义了公共事业的义务——让水资源能人人可用,并能保障基本的市民用电、用燃气需求。"水源供给"的案例将阐述商业模式创新如何助力于贫困干旱地区的公共事业,让给水基础设施能够普惠民众。

1. GiveMeTap 免费水源供给

在英国瓶装水价格昂贵,买水是一笔不小的开销,当带一只水瓶去周边的商铺请求接自来水时,英国店家们也不太乐意分享可以直接饮用的自来水。而在非洲,缺水带来健康危机,每小时就有大约 115 人死于与卫生条件差和水污染有关的疾病。因此,GiveMeTap 在英国首次构建了一套极具吸引力的补水模式,可为生活在本地的居民提供免费水和生活在非洲的人提供洁净水(图 3.51)。

GiveMeTap、用户、合作商家和企业客户处于一种动态平衡中。消费者购买 GiveMeTap 的不锈钢水瓶,可以在伦敦的 630 家餐厅、咖啡馆免费接水喝。售卖瓶子的利润会直接用于为生活在非洲干旱地区的贫困人群提供 1 个人 5 年的清洁用水,从而体现 GiveMeTap 及

图 3.51
GiveMeTap 水源供给服务

服务设计与可持续创新

其合作伙伴更广泛的社会责任，让身处世界各地的用户因为饮用水而产生社会关联价值；此外 GiveMeTap 让餐饮商家等加盟合作伙伴提供"免费供水处"，让伙伴间进行品牌联名的定制方式极大地提升产品销量和使用频率，使企业有更充足的资金为非洲地区提供饮水设施建设（图 3.52~ 图 3.55）。

GiveMeTap 使清洁饮水成为一项人权，实现了"目标 6：清洁饮水和卫生设施"，通过组织自身的管理系统、可持续发展目标、非洲水利资助倡议和最佳商业运营方案形成水服务本土化的供给策略，促进跨区域的资源共享和协作互助的关系。另外，其核心产品——不锈钢水瓶的设计是 GiveMeTap 实现联合国可持续目标的第 12 项工作——确保可持续的消费和生产模式的关键服务触点。GiveMeTap 致力于减少自身运营过程产生的资源浪费，减少塑料瓶装水垃圾填埋的影响，形成降低环境影响的服务价值闭环，满足可持续消费需求，让世界各地的人们开始接触可持续发展的相关信息，并培养可持续生活方式。

可持续创新点		
1 以公益为导向的饮水共享模式	**2 商业伙伴加盟构建补水网络**	**3 水瓶使用循环培养环保意识**
消费者每购买一个 GiveMeTap 的不锈钢水瓶，GiveMeTap 就能为非洲地区一个人提供 5 年的清洁用水，从而实现 GiveMeTap 及其合作伙伴更广泛的社会责任，让水资源达到动态平衡。	GiveMeTap 让餐饮商家等加盟合作伙伴为购买 GiveMeTap 不锈钢水瓶的用户提供"免费供水处"，从而与伙伴共同赢得更多的新客户和新消费机会。	用户以低经济成本购买享有专属代码的水瓶，可以在合作商家享受无限期免费饮用水服务。另外，资助饮用水的宣传可以增强顾客对于 GiveMeTap 品牌与产品的忠诚、信任与良性体验。

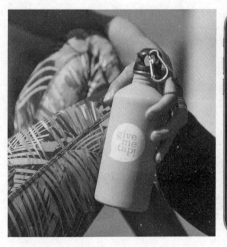

图 3.52
GiveMeTap 水源供给服务的可持续创新点

图 3.53
GiveMeTap 的不锈钢水瓶（左）
（图片来源：网络）

图 3.54
GiveMeTap 的 Find Free Water（App）（右）
（图片来源：网络）

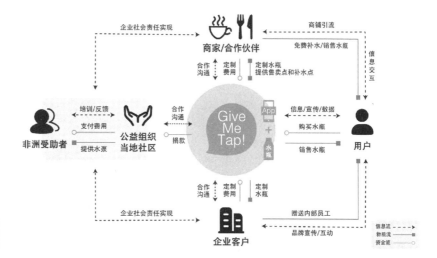

图 3.55
GiveMeTap 的服务系统图
（图片来源：丁熊等人绘制）

二、福利保障

近年来包容性设计对老年人的关注越发突出，服务设计是包容性设计较为普遍的范式，通过触点创新、商业模式创新等种种途径，填平服务链路中的体验低谷，缩小不平等差距；而在女性方面，由于受现代社会中父权制与资本主义的双重压迫，女性群体，甚至同样被主流意识形态压迫的性少数群体，一直以来无法获得本应与男性平等享有的权利与资源。这一小节集中探讨服务设计为女性重新设计一直未受到过关注的盆腔体验，给予相对弱势的群体健康生活的权利、保持尊严的权利、无差别对待的权利。

1. Yona 女性关怀服务

年度"健康女性"调查结果显示，绝大多数女性都表示自己不喜欢接受盆腔检查。这揭示了长期以来女性的问题从未得到应有的重视，Frog 设计公司联手工程师重新设计了女性的盆腔检查体验——Yona，解决了检查仪器给女性带来的冰冷印象，检查服务中带来的尴尬与羞耻感，优化了检查用具和检查室设计，并设计了一个引导患者的应用程序，覆盖从检查前放松到查看检查结果的全流程服务（图 3.56）。

在触点创新上，除 App 中检测信息查看等基本功能外，另增了冥想环节，帮助用户在检测前降低恐惧焦虑以及关注当下情绪，进而达到为其他接触点打下良好心理基础优化用户整体体验的目的；

服务设计与可持续创新

| 服 务 与 社 会 | 福 利 保 障 | 女 性 |

Yona

优化一直以来被忽视的盆腔检查体验，保障女性尊严与基本的隐私权

设计方：Frog Design
客户：Frog Design

5 性别平等

图 3.56
Yona 女性关怀服务

在内窥镜设计上，通过 CMF 设计表达温暖、亲和力、人性化与舒适的语意，增加检查者的信任并削弱抵触情绪；另外，其实一部分拥有阴道器官的人（即仅仅是生理性别为女性）并不认同自己为女性，而更倾向于认为自己是非二元性别（Non-binary）或者男性，因此也将他们（They/Them）纳入设计考量，从 Yona 网站的语言、品牌形象等方方面面体现出来，例如语言上使用中性词汇，品牌形象模糊女性特征等，通过设计包容性支持 LGBTQ 群体的平权道路（图 3.57~图 3.59）。

该项目回应了联合国可持续目标中的第 5 项：性别平等的问题，解决一直以来被忽视的女性问题，解决女性的基本需求并扭转不公正

图 3.57
产品效果图（左）

图 3.58
操作界面（右）
（图片来源：Frog 绘制）

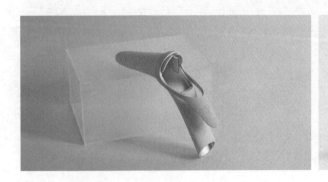

[第三章] 服务设计与可持续创新实践

可持续创新点		
正念冥想 **降低焦虑**	**设计内窥镜** **保护女性尊严**	**平等包容的** **健康体检**
在App中新增冥想功能，引导用户在检测前降低恐惧焦虑以及关注当下情绪，进而达到为其他接触点打下良好心理基础优化用户整体体验的目的。	采用柔软的硅胶材质包裹内窥镜表面，减少用户在进行妇科检查时的不适感，解决女性生理需求和心理需求；并且通过视觉、触觉等多维度多层次多角度的接触点使用户产生信任感和尊重感；通过增设应用程序，给予用户尊重及私密性。	并非所有有阴道的人都认为自己是女性，Yona 项目致力于提供包容性的阴道健康体验。这种包容性也体现在项目网站和社交媒体上的语言及品牌形象 Jamie 的设计上：Yona 不使用任何女性代词。

图 3.59
Yona 检查体验的可持续创新点

待遇，帮助女性获得更好的盆腔检查体验，给予女性更人性化的关怀和女性应有的尊严。

三、全民教育

教育让个体有能力适应社会，甚至能够实现自我价值，因此通过引导式的服务让教育在全民范围普及是具有可持续意义的事，尤其身处教育资源较难获取的处境与教学水平相对落后的环境，本主题的案例将从全民教育的视角阐述——以线上学习的方式帮助失业人群学习职业技能重返适合自己的特长的岗位，并通过协作模式、提供教育资源提升教育质量，培养受教育者的能动性与学习兴趣，以实现未来持续的自我赋能。

1. Bendable 社区驱动再就业教育服务

在美国，成年人的受教育机会已经变得难以获得。雇主要求新技能的速度比人们获得它们的速度更快，尤其是全球经济受疫情席卷后的当今社会，涌现了更多新兴的工种与远程岗位，为了避免落后于市场，失业人群需要掌握新技能并适应变化。为了应对这一趋势，IDEO 帮助南本德市和德鲁克研究所推出了 Bendable，这是一个社区驱动的平台，将人们与相互学习的机会联系起来。Bendable 对所有人免费，由该市的图书馆系统赞助和运行（图 3.60）。

该系统的中心将是一个在线门户网站，允许南本德市民根据及时的雇主意见了解需要哪些技能。然后，它将把他们与获得这些技能的机会联系起来。该系统还在本地或平台上提供课程，让他们报名参加

图 3.60
Bendable 学习服务平台

辅导课程和交流以及提供工作见习经验，还通过使用线下空间网络的方式——包括图书馆分馆和社区技术中心——提供无线连接、主持学习小组并作为其他支持的渠道，如儿童保育，以帮助工人培训和学习（图 3.61~图 3.63）。

该项目回应了可持续发展目标中的"体面工作和经济增长"与"优质教育"，Bendable 通过提供终身学习的机会，允许所有年龄和背景的居民通过在线课程以及基于社区驱动的线上与线下结合的模式来获得新的知识和技能；这种基于社区渠道的教育服务也让每个社区在

可持续创新点		
1 终身学习的 数字化平台	**2** 线上与线下的 结合	**3** 基于社区驱动的 教育服务
Bendable 通过设计精美的 Web 应用程序为用户提供在线学习机会。提供了有趣、相关及及时的内容：无论是您当地社区的兴趣班，还是来自领先的国家供应商的在线课程，都可以在网页上进行学习。	这个系统一部分是线上的，一部分是实体的，它将利用高度分散的学习资源并有效地整合它们。线下如图书馆和社区技术中心——提供连接、主持学习小组来开展；如儿童教育，以帮助工人培训和学习。	研究发现，在学习方面，人们比算法更信任他们的邻居。因此，设计了一种方式来突出您的社区所知道和热衷的内容。收集并创建四个社区收藏——由当地居民整理的特定主题的个人学习播放列表。

图 3.61
Bendable 学习服务平台的可持续创新点

[第三章] 服务设计与可持续创新实践

图 3.62
Bendable 界面（左）
（图片来源：网络）

图 3.63
图书馆工作人员指导市民学习技能
（右）
（图片来源：网络）

快速变化的经济环境中更具弹性；人们还可以使用 Bendable 来学习各种各样感兴趣的主题内容，为人们提供了创造更加美好的生活机会。到 2022 年，德鲁克研究所已经与美国最大的公共和学术图书馆内容、软件和服务供应商 Baker & Taylor 建立了 Bendable 的销售合作伙伴关系。Bendable 成为了今天的以人为本、基于连接的可持续学习平台。

四、健康医疗

对患者进行疾病检测、诊断、治疗、照护是医疗行业的基本服务链路，本主题将分医疗检测和疾病护理两个场景来阐述服务如何推动医疗普及，来让更多的民众负担得起健康与福祉。在医疗检测上，基于物联网信息技术让采集、化验不再需要局限于同一物理空间，打破了时空限制，让偏远地区的人群可以享受到和发达地区一样的体检服务；在保健护理上，在疫情时期为慢性病患者提供更具包容性的疾病预防服务，以降低重大疾病发生的概率，保障患者的健康水平在基本健康线以上。

1. Hilab 便捷检测服务

Hilab 是一个用于血液检验的健康服务系统，专门针对 CBC 医疗检测项目开发。它可以让用户仅用几滴血即可完成测试并在 20 分钟内收到结果，尤其适用于偏远地区和资金短缺的人群（图 3.64）。（CBC：Complete Blood Count 全血细胞计数，用来计量血液中红细胞、血小板和白细胞的总数，是医疗上最常被要求做的检测之一。）

现有的 CBC 检测大多只能在拥有大型血液分析仪的专业化验室中进行，而手持式 CBC 检测仪则检测质量差、维护价格高，因此中低收入和偏远地区的患者很难获得高质量的 CBC 检测；另一方面，

- 083 -

服务设计与可持续创新

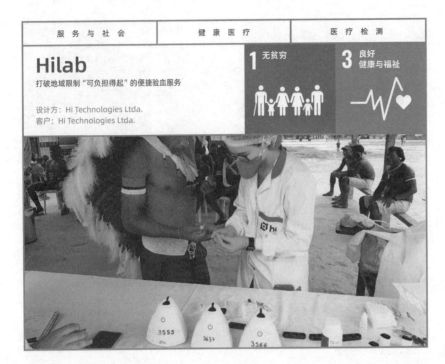

图 3.64
Hilab 便捷检测服务

目前的 CBC 检测往往耗时较长（平均 24 小时），这会在一定程度上延误患者病情。而 Hilab 则应用人工智能、机器学习和深度学习技术突破了以往的局限性。Hilab 采用无针头的采血方式，仅需采集几滴血。随后，样本通过物联网发送到化验室并进行检测分析。在大约 10~20 分钟后，患者即可收到由专家医生签字的检测报告，非常快速方便。在检测内容上，Hilab 可以采集人体血液数据、识别区域疾病、生成定制报告，甚至根据人工智能算法预测病情。这使得每个普通民众都能享受到基本的验血服务（图 3.65~ 图 3.67）。

由于该解决方案的速度和便携性，该实验室可以为偏远地区的患者提供服务，尤其为贫困地区提供了基本的、可信赖的医疗保障。Hilab 大大简化了采血与血液样本运输的流程，检测可以在当地进行并在几分钟内就获得结果。目前，Hilab 已为巴西的 21 个州和 60 个城市提供服务，致力于以可承受的价格为尽可能多的人和地区提供优质的医疗检测服务，回应了可持续发展目标中的"无贫穷"与"良好健康与福祉"。

2. NHS Digital 保健护理服务

NHS Digital 是医疗保健系统的数字、数据和技术交付合作伙伴，专门设计、开发和运营复杂的国家级 IT 和数据系统。从为公民建立

[第三章] 服务设计与可持续创新实践

图 3.65
便捷快速的检测仪器（左）
（图片来源：Hi Technologies Ltda.
拍摄）

图 3.66
线上预约和查看结果（右）
（图片来源：Hi Technologies Ltda.
拍摄）

可 持 续 创 新 点		
小型便捷的设备 深入偏远地区	**迅速的检测结果 普惠患者**	**专家远程签名 确保检测信度**
Hilab在保证血液检测精度的基础上，将检测设备缩小到手掌大小，便于医护人员携带深入偏远地区甚至原始部落；简化的抽血流程不仅节省了医护人员的精力，还能安抚患者的紧张情绪。	Hilab通过物联网技术搭建线上医疗数据平台，样本可以迅速发送到化验室进行检测；同时，人工智能算法会辅助诊断并预测病情，让患者在20分钟内就拿到检测报告。	线上医疗数据平台使检测结果可以得到远程评估与审核，专家通过远程签名的方式确保检测可信度，免去患者的后顾之忧。

图 3.67
Hilab 检测的可持续创新点

　　创新工具和服务到促进临床医生获取数据，NHS Digital 期望使用信息和技术改善患者的生活，改善健康和护理结果（图 3.68）。

　　随着英国提出了冠状病毒（COVID-19）疫苗接种计划，国家 NHS COVID-19 疫苗接种计划由 NHS England 和 NHS Improvement 领导。NHS Digital 所做的工作是为了确保此项疫苗接种计划能够安全有效地使用数据和技术。NHS Digital 提供了全国预订服务，使人们能够通过 NHS 网站预约疫苗接种，与此同时使得疫苗接种点的工作人员能够管理和登记预约人员；通过连接国家和地方预订系统，协调和确保第三方系统捕获和管理疫苗接种事件；NHS Digital 在此次计划中提供和管理数据流，并确保它们被安全适当地共享；并且监督每个疫苗

- 085 -

服务设计与可持续创新

服务与社会	健康医疗	保健护理
NHS Digital 支持NHS工作,使用国家的健康数据来推动研究和转变服务 设计方:NHS	5 性别平等	3 良好健康与福祉

图 3.68
NHS Digital 保健护理服务

接种环境中解决方案的临床安全性、质量安全性。同时,在 2020 年秋季开发全国预定服务时,团队意识到询问用户性别的问题可能会成为一些人预订疫苗的障碍,因此 NHS Digital 为了使疫苗预订更具包容性,通过添加新的选项,消除完全询问性别的必要性。此外,NHS 通过应用程序为人们提供了一种简单安全的方式,可以在智能手机或平板电脑上访问一系列 NHS 服务,了解 NHS 正在进行的事情,查看英国有多少患者正在使用 NHS 应用程序,以及他们正在使用哪些功能等,通过数字服务为患者提供健康护理体验(图 3.69)。

可持续创新点

1 NHS应用程序安全获取信息和管理NHS相关服务

NHS应用程序为人们提供了一种简单安全的方式,可以在智能手机或平板电脑上访问一系列NHS服务。帮助支持患者和临床医生满足疫情期间对远程服务日益增长的需求,以及他们通过数字媒体的方式在当前危机后改善医疗保健。

2 平等包容的疫苗预定体检

NHS Digital意识到用户性别的问题可能会成为一些想要预订疫苗的人的障碍,因此NHS Digital为了使疫苗预订更具包容性,通过添加新的选项,消除完全询问性别的必要性。

图 3.69
NHS Digital 服务的可持续创新点

NHS Digital通过维护疫情中的医疗保健系统，通过提供应用服务、创新工具等方式帮助患者更好地了解信息，促进临床医生获取数据，回应了联合国可持续发展中的"良好健康与福祉"与"性别平等"。

五、文化继承

继承传统文化是国内服务设计践行可持续的一条特色路径，因为文化是人类文明的结晶，对文化遗产的保护与延续是保障文明持续发展的前提与保障，也是全人类的责任。而我国传统文化历史积淀丰厚，源远流长，保护与继承的任务也更加艰巨，本主题下的案例将从文化体验角度阐述当代服务设计实践，在乡村打造品牌旅游服务等提升游客文化认同，通过参与式的教学、讲解服务等途径让被埋没在偏远地区的手工艺非遗文化被发现、言传身教地感化大众，并传承给下一代。

1. 阿者科文化旅游

在当今城市化飞速发展的进程中，传统村落的地域特色正不断地被城市文化侵蚀着，此项目基于可持续发展理念，探讨传统村落本土特征与外来介入资源之间的相互作用及其影响，提出了旅游服务系统的"活态"设计原则——让外来旅游者参与到本地的生产劳动中，在阿者科传统文化的驱动下帮助阿者科村实现从传统农耕到旅游业的转型并形成自力更生的能力（图3.70）。

该服务项目回应了"产业、创新和基础设施"与"无贫穷"的目标。其着眼于平衡传统村落的文化保护，且在旅游服务系统设计中权衡"介入资源"与"本土特征"的融合与竞争，让外来资源例如游客在体验中进行的红米农耕劳作、秸秆手工艺品等融入当地村落的产业循环中，提升了利用价值与可持续性。此外在游客的体验过程中也唤醒了本土居民的文化自豪感，可继续通过教育培训的方式带动本土特征力量的生长，激发村民建设乡村的主观能动性，提升乡村的生态文化价值（图3.71、图3.72）。

阿者科红米体验旅游服务系统在丰富旅游体验与帮助当地红米产业转型的同时，不仅使得原本不足以养活村民的红米产业得以激活与发展，而且拉动了本地的就业机会，更多的村民参与到了旅游服务业的岗位当中，作为手工艺品的制作者与教授者、红米耕种的指导者……助力了阿者科村的脱贫进程。

■ 服务设计与可持续创新

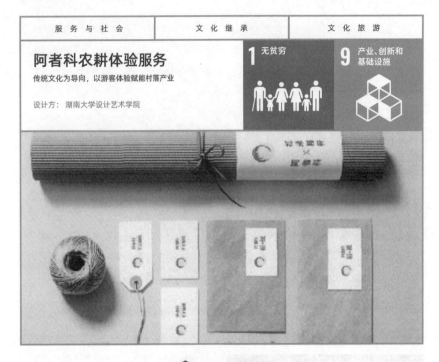

图 3.70
阿者科农耕体验服务

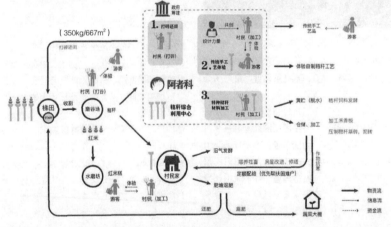

图 3.71
阿者科红米体验旅游服务系统地图
（图片来源：张军，赵一亭绘制）

可 持 续 创 新 点		
1 激活特色农耕引导还田	**2** 村落文化作为旅游资源	**3** 游客体验作为生产力
使原本不足以养活村民的红米产业转型为可持续的旅游体验产业，吸引村民留在村落经营农田，避免过多外出导致的"空心化"。	保护仍在使用中的村落遗址、传统习俗或事件，将这些文化遗产作为吸引游客的资源，强化村落生态文化的保护意识。在提高村民生活水平的同时，加强对地域生态环境与文明的保护。	为游客提供体验磨谷场与秸秆手工艺品制作服务的平台。体验的产物也都进一步融入阿者科的生产循环当中，使物资得到最大化利用。

图 3.72
阿者科农耕体验服务的可持续创新点

六、社区营造

在大众生活愈加忙碌的今天，社区关系的经营似乎已变得无足轻重，但事实上这种现代性的人际关系让社会系统变得愈加脆弱、不可持续、缺乏凝聚力，随时可能被难民问题、气候危机、自然灾害等来自社会、经济、自然的挑战所瓦解。国内外学界都在联合非营利组织积极地把社区当作活化人际网络的实践阵地，通过服务设计、社会创新来探索应对危机的解决途径。在其过程中利用各类服务设计工具动员居民协作共创并开展系统创新，集结调动分散的社会资源，驱动人际关系的重构，可以使社区形成自力更生的循环系统，减少外界经济、能源依赖并探索分布式的生产方式解决日常需求，巩固了宜居的环境、和谐互助的邻里关系，以及应对外界动荡的能力。

1. 洛杉矶 LA 弹性社区

社会创新与可持续设计领域的开拓者 Ezio Manzini 教授曾肯定了社区营造所带来的裨益：由居民协作形成的弹性网络让他们更有能力应对灾难性事件的侵袭，而这正是"弹性社区"。洛杉矶的生态村即是印证这一概念的典型案例（图 3.73）。

图 3.73
LA 弹性社区

针对洛杉矶当地社区人际关系疏离、居民外移突出的问题，当地民众通过组建生态村来改善社区氛围并积极应对日益加剧的气候变化，并通过成立"合作资源和服务项目"支持小型生态合作社区所倡导的可持续绿色生活方式。

生态可持续上：采用开放街区布局模式；建筑布局呈现出多（高）层高密度的特征；采取被动式太阳能、风能与微生物技术；尽量使用可回收的建筑材料，对于不可回收的垃圾则采用堆肥处理的方式进行循环利用；鼓励发展无车社区和自行车慢行交通系统等。经济可持续上：居民以租用方式享有私人住宅的使用权，同时共享公共厨房、餐厅、社区会议室和图书馆等公共空间，共享园艺设备以及洗衣机和烘干机等生活设施；以有机种植替代传统绿化，从而形成独特的可食用性景观；平衡洛杉矶生态村内已有的都市农业、园艺工程和绿色建筑等项目为居民提供了多种就业选择。社会可持续上：积极开展以交流合作为导向的社区活动；积极组织生态技术、永续农业等方面的讲座，为当地居民提供相关生态生活方式的培训，从交流与协作中组建亲密关系（图3.74~图3.76）。

该服务项目将功能失调、不可持续的城市或郊区环境转变为真实存在、环境友好的生态村，在提升社区生态性能的同时，为城市开辟

图 3.74
社区居民协作种田（左）
（图片来源：网络）

图 3.75
社区居民开研讨会（右）
（图片来源：网络）

可持续创新点		
住宅生态改造 减小外界依赖	**打造连接对话与 资源的媒介**	**生态教育预防 灾害侵袭**
洛杉矶生态村居民在社区屋顶上安装太阳能电板，在房间里安装中水回收系统，利用木质的百叶窗和遮阴植物而不是空调降低室内温度，以达到综合节能节水的成效，减小外界供能供水依赖。	公用的厨房、餐厅、社区会议室、图书馆等公共空间，共享的园艺设备、洗衣机与烘干机等生活设施，都成为了创造居民对话的媒介，在共享使用的过程中从从前的陌生走向协作与共创，形成了一致向外抵御侵袭的凝聚力。	积极组织生态技术、永续农业等方面的讲座，为当地居民提供相关生态生活方式的培训，有助于生态村根植于地方社会网络，具备社区修复能力。

图 3.76
弹性社区的可持续创新点

[第三章] 服务设计与可持续创新实践

了新的增长空间，为居民提供了新的就业机会，并缓解了社会救助与政府的负担，增强了抵御外界气候等不稳定因素的能力，回应了联合国可持续中的"可持续城市和社区""气候行动"两个目标。

第五节 服务设计与生态

"从农业到 NGO，保护环境、增加生态效益的广泛实践。"

一、农业园艺

在农业园艺的主题下，将分为偏向 B 端的传统农业管理和偏向 C 端的社区型农园自治两个场景，讲述现代技术与设计的赋能如何提升农业管理效率，服务设计又如何组织市民协作加大生鲜食品的分布式社区生产——主要涉及土壤保护、粮食增收与参与式生产几个典型话题。农业无法脱离对土地耕作，也因此不可避免地会对环境与生态产生影响，耕地的保护与可持续使用、物联网等新兴技术手段监管农作物生长、让更多人参与劳作与生产……这些都是让农业降低环境影响、增加生态效益、促进粮食增收减少饥饿、培养大众绿色生活意识的可持续路径（图 3.77）。

图 3.77
艾米农场农业管理服务

1. 艾米农场—农业管理

广州艾米农场是以保护土地资源并生产农产品为导向的智慧农业服务运营商。艾米农场以生态种植的胚芽米为主要农作物，走的是规范化有机种植路线，与多所高校展开实践合作，组建广东省农科院有机水稻种植示范基地……这样的跨界合作让智慧型管理运营模式进一步走进农业。

艾米农场通过互联网与农业结合的方式，引入人工智能，实现数据化全程管控。在农场内安放各种植物传感器与信息传感器，用种植数据记录分析来让耕种更健康，用移动终端视频实现农田耕种过程全程透明可溯。应用智能技术的播种无人机、田间除草机器人取代人力劳动，通过线上平台集成控制，并实时监测作业情况，提升了农业管理效率，让水稻的全生长周期都处于智能化监测与管控下（图 3.78~ 图 3.81）。

为了实现更可持续的耕作，该管理系统还纳入了对土壤活性的考量。通过雇佣专业化人才并设立农业科学实验室，根据农作物生长周期对土壤进行酸性、微生物检测，及时轮作让土地得到休息并恢复活力，保持土壤的可用性，回应了联合国可持续发展目标的第 15 条：陆地生物。从传统农业的视角保护土壤活性，遏制土地功能性退化。

可持续创新点		
1	**2**	**3**
有机耕作与检测 保留土地活性	**物联网管理 保障健康生长**	**远程管控调配 农耕机器人**
通过专业化的土壤酸性检测、微生物检测等方式，及时轮作让土地得到休息并保持活力，使土壤中保持微生物、菌类、有机质、矿物质以及微量元素的存在，遏制土地退化。	通过在农场内的土壤、空气追踪安放各种温度、湿度、风速传感器，采集农场种植信息，实现远程的生长环境调控；及时预警病虫害减少损失。	通过线上平台集成控制，实现播种无人机、田间除草机器人定时定点地打理农田，提升生产效率，减小人力成本。

图 3.78
艾米农场的可持续创新点

图 3.79
无人机播种（左）
（图片来源：网络）

图 3.80
农田数据采集装置（右）
（图片来源：网络）

图 3.81
农田管理平台
（图片来源：网络）

此外一系列的物联网与智慧管理措施保障了农作物的健康成长与产业的稳定增收，易用可复制的平台系统也更广泛地惠及了农业生产，有利于农业适应当下的技术变革并持续焕发生长活力，回应了"产业、创新和基础设施"的可持续发展目标。

2. GreenThumb 城市农园自治

GreenThumb 是一项为了应对 1970 年代美国纽约市的金融危机导致的公共和私人土地被遗弃问题而发起的项目。农园大多数都是由志愿者翻修的废弃空地，有些用于放松和作为社区会议空间的绿色空间，有些是成熟的农场，还有许多是各种类型的混合体。这些社区农园由社区居民管理，成为城市中重要的绿色空间（图 3.82）。

在农园活动上，GreenThumb 项目提供了丰富的服务资源：例如为纽约市社区农园提供园艺材料与工具。每个月都会举办一次的讲习班是物资的获取点，每期主题还涵盖园艺基础知识到更高级的农业和社区组织知识；与市政部门、土壤研究所和环境保护部等组织合作，为每一位想要建立社区农场的人提供足够的支持和资源；同时 GreenThumb 每年都会举办许多关于筹款的研讨会，向种植土地申请者介绍许多在支持园丁和农民方面有着悠久历史的合作伙伴和资源提供者，同时提供纽约市社区农园联盟准入资质，以促进社区农园的保护、创造和赋权（图 3.83~图 3.85）。

该社区农园回应了联合国可持续发展目标中的"可持续城市与社区"，在城市土地资源紧缺的当下，实现了闲置土地资源的再利用并充分发挥了土地价值。通过"帮助农园成长"志愿者计划，志

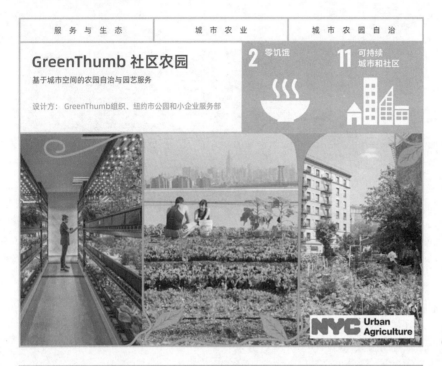

图 3.82
GreenThumb 社区农园服务

可持续创新点

志愿服务体系实现自治	市民参与耕作扩大食品生产	废弃土地再利用：农场、活动中心
农园组织拥有完整的社区参与和志愿服务体系，不仅可以通过志愿者计划与公司、学校或其他社区团体合作，同时可以通过专门的志愿网站联系与协调志愿者工作日。	提供社区农园的保护、创造和赋权服务，同时通过季度计划指南、种植工具包、农园小组研讨会等形式帮助市民建立与经营自己的农园，实现粮食的分布式小规模生产。	将一些被遗弃的公共和私人土地进行翻修改造，有些用于放松和作为社区会议空间的绿色空间，有些变成成熟的农场，还有许多成为各种类型的混合体，为废弃空间赋能。

图 3.83
GreenThumb 项目的可持续创新点

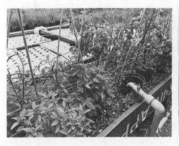

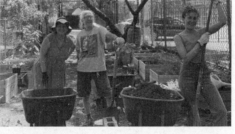

图 3.84
纽约布鲁克林 Oko 农场的鱼菜共生系统中种植的蔬菜和香草（左）
（图片来源：网络）

图 3.85
正在打理菜地的社区居民们（右）
（图片来源：网络）

愿者可以参与可持续发展计划、进行有价值的场所维护，同时丰富纽约市的文化结构，建立了强大的社区网络。在“零饥饿”方面，GreenThumb 组织现今已在纽约市的五大行政区发展了五百多个社区农园点，小规模分布式的耕作模式扩大了健康食品的获取范围，通过本地化的食品生产减轻粮食进口的压力。

二、生态系统

在学界"生态系统服务"的概念一直是指生态提供给人类的惠益，包括调节服务（气候调节、水调节等）、栖息地服务（孕育珍稀物种）、生产服务（提供食物、原材料、基因资源、医药资源等）、信息服务（美学价值、娱乐价值等）。上文中的农业案例已经阐述了人类在享受生态系统的生产服务过程中如何合理利用、保护土地资源，那么相反，人类又应该如何为生态系统服务，充分调用发挥服务设计的共创性、系统性价值以产生更大规模的生态效益？下文将从生物监测保护的视角，阐述为了保护亚洲象群对其活动与行为监测避免人象冲突的发生。从本质上讲，种种为生态服务的行径都需要有商业模式，或是政府、科研机构的投资作为资金支持，作为系统运转的必要推动力，并通过服务组织创新与图像识别等人工智能技术，打造具有凝聚力的协作模式，一同保护生物与自然环境。

1. 生物监测保护

随着亚洲象种群数量的增长，保护区的工作也面临新挑战。一方面，越来越多的亚洲象为寻找食物走出栖息地，野象走入村庄、城市的肇事事件频发，人象冲突加剧。另一方面，生活在雨林深处的亚洲象种群行为模式、生活习性及生态环境也在发生改变，科学家们需要更多数据来掌握亚洲象的习性和规律，为亚洲象长远保护提供科学依据（图 3.86）。

版纳生态站的研究人员把红外相机布设在居民点周边有亚洲象活动的区域，在有 2G 及以上移动通信信号的区域就能发挥实时监测和信息回传的功能。信息处理平台后台部署有自主研发的图像识别算法，可对相机回传的图像进行自动识别预处理。图像信息和识别结果显示在 PC 和手机客户端，经由图像识别算法进行识别，当识别结果确认为大象时，由值守人员通过预警系统将信息传至村民手机，并以广播滚动字幕屏在村子附近播报，在人象冲突敏感区域实现了对亚洲象的监控、识别和预警信息发布。在亚洲象进入监控区后，完成一次预警动作全流程的时滞仅为 5 分钟。这为当地居民及时避让亚洲象争取了宝贵的时间（图 3.87~图 3.89）。

▎服务设计与可持续创新

| 服务与生态 | 生态系统 | 生物监测与保护 |

镜朗生态

为保护生物多样性而服务：亚洲象活动监测与肇事预警系统

设计方：镜朗生态科技有限公司、中科院西双版纳热带植物园
客户：云南省林草局

15 陆地生物

图 3.86
镜朗生态监测系统

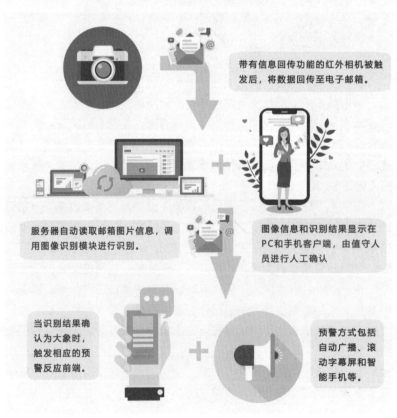

带有信息回传功能的红外相机被触发后，将数据回传至电子邮箱。

服务器自动读取邮箱图片信息，调用图像识别模块进行识别。

图像信息和识别结果显示在PC和手机客户端，由值守人员进行人工确认

当识别结果确认为大象时，触发相应的预警反应前端。

预警方式包括自动广播、滚动字幕屏和智能手机等。

图 3.87
服务流程图
（图片来源：网络）

[第三章] 服务设计与可持续创新实践

图 3.88
人象出现在同一地点
（图片来源：网络）

可 持 续 创 新 点

1
多终端联动
及时预警响应

系统移动端、PC端相结合，降低前端用户使用技术门槛，简化前端用户使用流程，使检测到象群时预警作出响应，及时保护象群免受伤害。

2
智能算法
象群精准识别

后台部署有自主研发的图像识别算法，可对相机回传的图像进行自动识别预处理。在功能上实现了连点成片的网络信息交流，并已在后台迭代形成对物种乃至生态环境监测数据强大的处理和管理算力。

3
物联网
大范围播报预警

在亚洲象进入监控区后，系统自动进行识别，完成一次预警动作全流程的时滞仅为5分钟。通过广播、滚动字幕与手机消息推送……为当地居民争取了及时避让亚洲象的宝贵时间。

图 3.89
预警系统的可持续创新点

　　信息系统自建立以来，识别亚洲象并预警5000余次，成功避免人象冲突事件500余起，没有发生过一起人员伤亡事件。本项目回应联合国可持续目标中的"陆地生物"，通过建立多样化的监测预警体系，避免了村民与大象的意外相遇，尤其保障了象群免受人类活动的伤害，有利于亚洲象种群的延续与发展，践行了长远的保护生物多样性目标。

课后思考与练习

・分析服务设计的可持续特征可以从哪些方面入手？
・尝试对比不同主题下的可持续服务设计案例，讨论异同。
・从上文中任选一行业领域（例如交通出行），搜集一项自己感兴趣的案例，洞察其服务系统与流程中的可持续创新点，并分析相应的设计手段、实现的可持续效果。

[第四章]

可持续服务设计流程与方法

第一节 服务设计的典型程序与方法

一、服务设计程序概述

根据本书的第一章对服务设计发展进程的描写,服务设计作为一门跨领域学科,经过二十余年的探索与积淀,已经形成了相对成熟的流程与模式,目前普遍认可的流程大致包括:探索—定义—发展—执行四个阶段,即英国设计委员会(Design Council)提出的双钻设计模型,依次序执行服务设计的调研、需求明确、概念构思与反馈迭代环节。

学者 Johnson 等人于 2000 年就已经提出新服务开发需要经历开发、分析、设计、展开四个阶段。丹麦 CIID 的使用者体验创新设计方法也将服务设计流程概括为概念发想、情境模拟、原型制作、蓝图建立四个环节。知名设计机构 IDEO 曾将服务设计流程概括为五个步骤:针对商业市场发展独特的见解、创造卓越价值主张、发掘创造性服务模式、遵守传递法则和重复探索与修正新服务。因此可以看出对于服务流程的开发与设计,学界、设计机构都遵循着相似的模式。

除上述服务流程模式外,双钻模型在服务设计程序的应用在学界已经达成既定共识。无论是在活动、场域以及社区产业建设的服务设计上都可以得到验证。赵世宽等学者在双钻模型的基础上,考虑可持续性作为服务价值评估的主要维度,将产品服务设计分为"设计正确的东西"(事情、问题)、"正确的设计"(解决方案)两个阶段,对原双钻模型进行了相应改进,如图 4.1 所示。

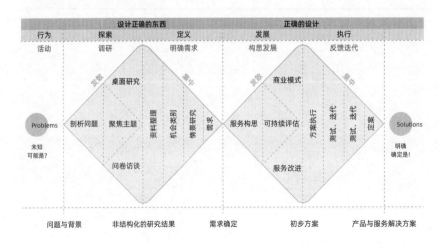

图 4.1
结合可持续评估的产品服务系统双钻模型
(图片来源:赵世宽绘制)

二、服务设计方法概述

服务设计程序中的不同阶段也积累形成了成熟的工具与方法，例如在"探索"阶段开展的用户访谈（Interview）、问卷（Questionnaire）等社会学性质的调研方法，在"定义"阶段使用的人物志（Personas），"发展"阶段的服务场景（Scenarios）、故事板（Storyboards）、利益相关者网络（Stakeholders Network）、服务蓝图（Blueprint）等服务与设计性质的工具与例如商业画布（Business Canvas）类型的商业工具，以及在"执行"阶段的评估（Assessment）方法等。

- 用户访谈：研究人员向用户提问，并记录用户的回答。它们可以用于检查用户体验、产品的可用性，或者充实人口统计数据或人种学数据（用于输入用户角色）以及其他许多事情。用户访谈是一种定性的研究方法，定性是为了了解事实，更加侧重挖掘用户该行为背后的深层动机，带有感性和主观的色彩。

- 问卷：社会研究中用来收集资料的一种工具，是一组与研究目标有关的问题，或者说是一份为进行调查而编制的问题表格，又称调查表。问卷调查是指通过制定详细周密的问卷，要求被调查者据此进行回答以收集资料的方法。

- 人物志：人物志又称用户画像，作为一种勾画目标用户、联系用户诉求与设计方向的有效工具。在实际操作的过程中往往会以最为浅显和贴近生活的话语将用户的特征、行为与期待的数据转化联结起来。

- 服务场景：服务场景是对产品或服务的假设用途的明确描述，这种产品用途的确切描述方式可以包括叙事、故事版、动画、角色扮演或任何其他方式表示，以显示特定用户、产品在特定环境中的交互。

- 故事板：故事板是一系列插图排列在一起组成的一个可视化故事，最早起源于动画行业，展示各个镜头之间的关系，以及镜头间如何串联起来的，给观众一个完整的体验。作为设计工具的故事板，可以更加直观地体现出用户和产品使用情景，理解使用者和产品之间的交互关系，帮助设计师与整个团队对产品做出更好的设想与规划。

- 利益相关者网络：利益相关者是指会受到某产品影响，或被其影响的人、群体和组织。利益相关者网络则是通过研究、讨论和分析的方法，利用视觉化的方式将利益相关者之间的关系表达出来，也可以根据特殊的需求，增加影响力、价值交换等。

·服务蓝图：详细描画服务系统与服务流程的图片或地图。服务过程中涉及的不同人员可以理解并客观使用它，而无论他们的角色或个人观点如何。其由四个主要的行为部分和三条分界线构成。四个主要行为部分包括顾客行为、前台员工行为、后台员工行为和支持过程，三条分界线分别为互动分界线、可视分界线和内部互动线。服务蓝图有助于服务企业了解服务过程的性质，控制和评价服务质量以及合理管理顾客体验等。

·商业画布：一种用于梳理商业模式的思维方式和工具，可以帮助设计师描述商业模式、评估商业模式和改变商业模式，并以一种极其简练的、可视化的、一张纸的方式表现出来。商业画布能够帮助设计者与管理者催生创意、降低风险、精准定位目标用户、合理解决问题、正确审视现有业务和发现新业务机会等。

这些工具和方法大多从两个层面出发，第一种主要是针对服务流程的体验问题，第二种更侧重于利益相关者的关系。利用这些工具与方法可以从前期研究、服务体验验证与可视化层面理清服务的流程与细节，从用户角度利用情景化的理论帮助服务设计者理解人们在服务中的复杂行为，从战略层面上促进了整个服务系统的价值共创，保证了系统的稳定性与可持续性。

第二节　践行可持续目标的服务设计方法

研究可持续介入设计程序的意义重大。由于产品服务系统的概念产生于对资源不可持续发展的反思，它在设计中通过增加服务的内容并协调利益相关者，改变原有商业模式并减少产品使用过程的物质消耗，使设计从纯产品向产品和服务相结合的方向转变，其与由服务而缘起的非产品为导向服务设计，对提高社会生产的水平以及保护环境都具有重要意义。从过往学者的研究与实践的回顾，可以看出一些可持续介入服务设计程序的端倪：①可持续可以以价值主张的形式干预设计程序的走向，例如"定义"阶段定位服务设计的项目价值、目标愿景以影响后续的概念发散，又或"发展"阶段对概念进行深化时在"商业画布"这样具体的工具中践行提出的价值主张；②可持续的观念还可以体现在"定义""发展"等阶段邀请利益相关者共创的方法中，表达诉求差异、寻找联系的机会点、甚至协作构思造福系统中所有利益相关者的方案……这种方法让利益相关者更加知己知彼，系统得以和谐运作并形成一股强大的凝聚力，确保了服务系统的可持续与适应能力；③可持续还可以以"收敛"阶段评估的方式介入设计程序，例如"定义"阶段的需求与机会点评估，再例如"执行"阶段的方案评估，丰富评估指标指引设计程序朝向更可持续的设计产出发展。

一、可持续导向的价值主张

价值主张（Value Proposition）是指对客户来说什么是有意义的，即对客户真实需求的深入描述——将提供给客户的价值描述为客户愿意支付的产品和服务的特定组合。罗列全部优点、宣传有利差、突出共鸣点是供应商制定"价值主张"通常所用的三种方法。对于客户价值主张，在实际操作中体现在客户选择产品或服务时的几项关键指标。如客户在采购大型设备时主要关注的有质量、售后服务、价格、品牌等方面，那么客户在选择供应时也将从这几个方面进行考察。而可持续潜力是提升价值主张竞争力的一项因素，学者Gaiardelli等人就肯定了可持续性在价值主张中发挥的作用。

因此在可持续创新导向的服务设计程序中，需要有明确的可持续价值主张引领设计程序的走向。在项目立项时，也就是"探索"阶段前就需要明确该服务最终实现要以何种可持续目标为导向，而后所有的活动均围绕这个"价值主张"展开——指导服务的产生与更选，包含诸多领域的利益相关者，顾及整个服务系统的平衡与运作。这一特殊的设计程序阶段中的价值主张还通常被描述为"挑战""任务""使命"，IDEO在每个服务设计项目中都会建立明确的价值主张，例如IDEO为政府而设计的服务项目就把"挑战"描述为"促成纽约市的警察文化进行政策改革（Encourage policy reform around New York City's policing culture）"，表达了设计改变政府公信力与民主化的决心。

而在"定义"阶段明确设计需求并为后续的服务概念定调时，也需要重申可持续愿景与目标，以把握提出的需求是朝向可持续价值主张的；在"发展"阶段中，通过开展工作坊等方法组织利益相关者共创时需要采用紧紧围绕项目初衷的价值主张作为共创的目标，在案例章节中文化旅游场景下的阿者科非遗体验案例中，就采用了协同工作坊的形式展开创意发散，确定可持续乡村旅游服务系统设计的核心价值点，来进一步糅合来自本土特征的乡土知识和本土风俗、文化、产业，以及来自介入资源的设计思维和管理知识，定义系统设计。通过系统性的协作，村民对本村的文化更富有认同感，可以积极地将手工艺能力转化为旅游业中的服务动力，形成自力更生，自食其力的乡村文旅服务产业。

并且在使用商业画布这一明确商业运行模式的工具时，价值主张也呈现出了一种战略性的组成成分，决定了商业模式的运行，决定创造怎样的经济价值，甚至社会价值，内容上包括外部机会、自身优势、价值主张、组织形式等，以较"微观"的角度改善商业模式、服务、产品的细节及质量，注重项目落地的可操作性，着眼于消费者的感受与体验。运用服务系统设计思维指导商业模式创新成功的案例屡见不鲜，例如在很多以经济可持续为导向的服务设计案例中，都会把"循环经济"的相关描述当作商业画布中的核心价值主张，旨在通过减缓、关闭和缩小资源流动，将线性和半循环流动转变为循环流动，从而改善当前不可持续的经济体系。

在以"循环经济"为代表的侧重经济可持续的价值主张外，根据第三章系统性的案例阐述，按照领域、行业主题罗列了可持续导向价值主张的代表性内容以供参考，如表4.1所示。其中对面向对象按照B端与C端进行了分类，可指导设计师在上述"探索""定义""发展"阶段针对性应用并强调，使服务设计项目紧扣可持续导向。

不同行业主题的代表性价值主张　　　　　　　　　　　　　　　　表4.1

领域	行业/主题	面向对象	场景列举	可持续价值主张	回应可持续目标
服务与商业	交通出行	B、C	共享停车、短途出行、乡村客运	B：以缩短或替代不必要的移动路径减少碳排；提升出行资源的利用效率。 C：提供公平的出行机会	"目标9：产业、创新和基础设施"；"目标11：可持续城市和社区"
	物流	B、C	包装管理和物流下乡	B：提升物流包装利用率；农村地区产业脱贫。 C：提供公平的收寄服务；树立消费者回收意识	"目标12：负责任的消费和生产"；"目标13：产业、创新和基础设施"；"目标1：无贫穷"
	零售	B、C	全链路零售、零售前台、售后	B：为了减小零售业的碳排放量；减少商品资源的浪费。 C：引导消费者绿色消费，更可持续的消费行为	"目标9：产业、创新和基础设施"；"目标12：负责人消费和生产"
	金融	C	财务支出与信用管理两个场景	C：引导用户培养绿色的生活方式，提升消费者的环保意识，让消费者对自己的碳排负责	"目标12：负责任消费和生产"

续表

领域	行业/主题	面向对象	场景列举	可持续价值主张	回应可持续目标
服务与企业	企业能力	B	应对人力短缺、应对疫情危机	B：适应市场变化；保障危机下企业正常运营；弥合危机下的营收亏欠	"目标8：体面工作与经济增长"；"目标8：产业、创新与基础设施"
	企业责任	C	承担社会责任、保护环境	C和生态：改善处于平均水平以下的消极情形：例如生态退化、农村地区的贫困问题等	例如"目标1：无贫穷"；"目标5：性别平等"；"目标8：体面工作和经济增长"；"目标4：优质教育"；"目标12：负责任消费和生产"；"目标13：气候行动"
服务与能源、资源	建筑运行	B、C	楼宇办公与光伏管理两个场景	B：让电力能源可以"物尽其用"。BC：协作减少能耗。C：更低碳、规范的用能行为	"目标7：经济适用的清洁能源"；"目标11：可持续城市和社区"；"目标12：负责任消费和生产"
	城市治理	B、C	垃圾管理与旧物共享两个典型场景	BC：协作形成"自下而上"的废品治理。C：避免非必要的资源购买与浪费	"目标11：可持续城市和社区"
服务与社会	公共事业	C	水源供给、民意采集	G：更有公信力、民主的政府。C：普及基本资源与便民服务	"目标6：清洁饮水和卫生设施"；"目标16：和平、正义与强大机构"
	福利保障	C	养老服务、为女性设计	C：保障弱势群体健康生活的权利、保持尊严的权利、无差别对待的权利	"目标10：减少不平等"、"目标5：性别平等"、"目标3：良好健康与福祉"
	全民教育	C	义务教育与全民教育	C：培养受教育者的能动性与学习兴趣，实现未来持续的自我赋能	"目标4：优质教育"；"目标10：减少不平等"；"目标8：体面工作和经济增长"
	健康医疗	C	医疗检测和疾病护理	C：推动医疗普及，来让更多的民众（尤其偏远地区、不熟悉流程看病困难）负担得起健康与福祉	"目标3：良好健康与福祉"
	文化继承	C	文化体验与文化旅游	C：培养大众对文化的兴趣与责任意识，持续传承给下一代	"目标1：无贫穷"、"目标11：可持续城市和社区"、"目标9：产业、创新和基础设施"、"目标4：优质教育"
	社区营造	C	打造弹性社区、非营利组织驱动	C：巩固宜居的环境、和谐互助的邻里、以及应对外界动荡的能力	"目标11：可持续城市和社区"；"目标13：气候行动"；"目标10：减少不平等"
服务与生态	农业园艺	B、C	传统农业管理、城市农园自治	B：让农业降低环境影响、增加生态效益、促进粮食增收减少饥饿。C：培养大众绿色生活意识	目标15：陆地生物"；"目标9：产业、创新和基础设施"；"目标2：零饥饿"
	生态系统	—	生物监测保护、生态环境治理	保护生物多样性（增加生态效益）；保护生态环境（减小生态影响、增加生态效益）	"目标15：陆地生物"；"目标14：水下生物"；"目标17：促进目标实现的伙伴关系"

（来源：作者自绘）

二、鼓励发声与协作的共创方法

让利益相关者为自己发声对于开发服务系统抑或解决社会性可持续问题都具有重要的作用。设计媒介由产品向服务的转型，催化了设计范式以离散型的以用户为中心转向了对系统中多利益相关者的考量，因此让担任不同功能角色的利益相关者表达诉求，并根据诉求权衡资源的分配，可以保障利益相关者关系的维系与系统持续运转，在利益相关者间的物品、信息、资金、劳动的交换中，协作的价值被充分体现，信任与亲密的关系被无形组建，不仅可以解决系统中较为弱势一方的需求，还可以增强集体的凝聚力，形成可以应对外界变化的力量。

因此该介入形式主要应用在涉及利益相关者共创的阶段，例如“探索”中的焦点小组、用户座谈会等探查利益相关者需求的方法，“定义”中定义设计目标的需求机会工作坊，与“发展”中发散设计概念的共创概念工作坊等。

例如可以在“定义”阶段开展“定义可持续愿景”工作坊，在与诺丁汉某社区的蕾丝工匠共创项目中，设计师采用一种名为“意义构建（Sensingmaking Tools）”的工具，目的在于让通常不参与设计过程的利益相关者获得发言权与发言的途径，一起探索什么是更可持续的未来（图 4.2~ 图 4.4）。

在其过程中使用多种发问形式的卡片，激发参与者回答。例如你的纺织手艺可能有一个怎样可持续的未来？假如……会怎样？如果这种未来发生的话会对你的手艺有什么影响？……有话题可聊，有未来可以畅想，蕾丝工匠们得以打开话匣子并积极地表达自己的看法并建言献策，形成了融洽的交流氛围，为良好的沟通与合作铺设了基础。

随后在交流与对话中，工匠参与者们被要求记下所有能够推动、促进或受已确定战略影响的利益相关者，这一工具还促使参与者根据利益相关者的角色、技能、动机和利益，根据他们的影响程度对他们

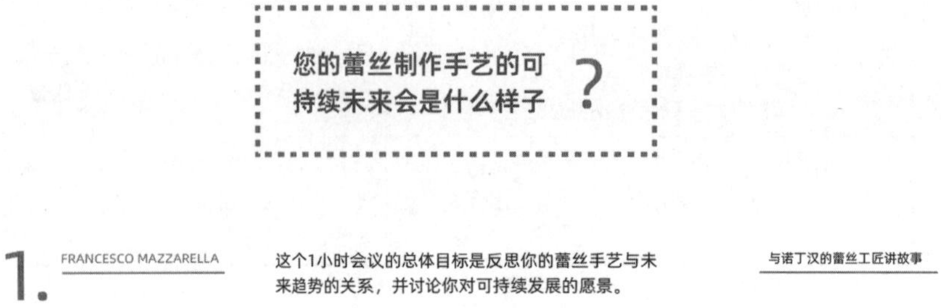
您的蕾丝制作手艺的可
持续未来会是什么样子
?
1.
FRANCESCO MAZZARELLA
这个1小时会议的总体目标是反思你的蕾丝手艺与未来趋势的关系，并讨论你对可持续发展的愿景。
与诺丁汉的蕾丝工匠讲故事

图 4.2
“意义构建”工具卡片
（图片来源：Mazzarella，F.，Mitchell，V.，& Escobar-Tello，C. 绘制）

[第四章] 可持续服务设计流程与方法

进行优先排序。在这一点上，工匠们围绕可能有助于实施未来战略的潜在服务展开了特定设计方向的头脑风暴，设计师作为引导者的角色需要敲定一个支持所有人的畅想与愿景的核心价值并共同设计一份指导服务进一步发展的指导计划，并遵循其中的特定方向来实现更可持续的未来。

从上述案例可以看到，在服务设计过程中，建立开放性的沟通和协作机制非常重要，通过服务提供商、用户和其他利益相关方一起参与，确保各方的利益得到平衡，共同设计出最佳的服务体验，并确保最终服务设计方案符合用户和社会的需求和期望。此外，共创协作过程中的主导权问题是非常重要的，因为它涉及了服务设计方案的最终效果有些方面需要由某些相关方来主导。例如，如果涉及商业利益，企业或商家可能会在服务设计过程中发挥主导作用，以确保设计方案

图 4.3
"意义构建"工具卡片
（图片来源：Mazzarella, F., Mitchell, V., & Escobar-Tello, C. 绘制）

图 4.4
"意义构建"工具卡片
（图片来源：Mazzarella, F., Mitchell, V., & Escobar-Tello, C. 绘制）

- 107 -

可以达到商业目标。另外，如果涉及社会责任或可持续性，非营利组织或政府部门可能会在服务设计过程中扮演主导角色，以确保设计方案可以实现社会责任和可持续发展目标。通过主导者与参与者的互相配合，用户也可以更好地了解服务提供商的服务流程和服务标准，从而更好地理解服务的本质和服务提供商的工作。

  从宏观角度来讲，共创不仅需要鼓励利益相关者发声与协作，在该过程中也需要把握可持续目标与主题，并将可持续发展作为利益相关方之一，这与上文阐述的"可持续导向的价值主张"是一脉相承的，这样可以确保服务设计方案不仅满足用户需求和商业目标，同时也符合社会和环境的可持续性要求。具体来说，在服务设计共创过程中，首先需要确定可持续性目标，服务提供商、用户和其他利益相关方应共同确定可持续性目标，并将其纳入服务设计目标中。继而识别可持续性风险和机遇，以确保服务设计方案符合可持续性要求，并根据可持续性目标和风险机遇识别结果，制定相应的可持续性策略，并将其纳入服务设计方案中。同时应吸纳与可持续性相关的利益相关方，例如环保组织、社会团体等，共同参与服务设计过程，确保服务设计方案符合可持续性要求。此外还要鼓励和引入有助于环保、节能等促进可持续性行为和举措，以提高服务的可持续性。

三、可持续作为评估指标

  引入可持续评估指标，目的就是判断一个服务设计是否具有可持续属性。如同评价产品是否有可持续性一样，都有其独特的挑战和复杂性。服务和产品都可能对环境、社会和经济产生影响，但服务的影响可能更为复杂和难以量化。服务设计涉及多个利益相关者和多个环节，因此对服务的可持续性评价需要考虑到服务全生命周期内的影响，并综合考虑环境、社会和经济因素。即服务发生的全过程中是否考虑了产品及服务本身对环境的影响，例如是否能减少能源消耗、降低废弃物产生等；社会影响方面涉及是否促进公平、促进社会福利、尊重男女平等；以及对经济的影响，如是否创造就业机会、增加企业利润等；同时也要兼顾服务的长期可持续性，如是否采用可再生资源、是否可循环利用、是否可维护等；以及是否有政府、企业、消费者、社区等利益相关方的参与和合作，多方共同讨论并制定适合的可持续目标和方案。这些因素往往也是在服务设计的概念设计阶段较少考虑的。

1. 介入设计程序

在很多设计研究者眼中，可持续发展的理念必须通过可持续设计方法来实现，其中关于可持续性的评价既是设计方法和设计过程中重要的策略和流程，也是对什么是可持续设计、如何达到可持续发展目标的一种回应和检验。从可持续设计概念方法的发展阶段来看，无论是服务设计还是产品服务系统设计，其设计思维和设计价值本身就建立在了对环境、经济、社会等设计要素的定性、定量分析的基础之上，这也与现有的与生态有关的评估体系中通常采用定性与定量相结合的评价方法相一致。实施可持续设计和评估的目的是保证环境、经济、社会、文化效益的长期稳定发展。

可持续对评估的介入可以存在于设计程序"双钻模型"的收敛阶段，例如"定义"阶段——对需求与机会点展开可持续评估。学者Sierra-Pérez等人提出了一项针对服务旅程图中痛点/阻碍（Barriers）的评估方法，界定了不同的障碍类型。不同的利益相关者的行动由不同阶段的触点串联起来，例如App、邮件等线上端、面对面的线下端等，在这样一条典型的服务型用户旅程图中，对每一环节的行为动作展开四个维度的痛点界定：情境型障碍、服务壁垒、行为型障碍、环境影响。每个维度有存在细分的指标，例如情境型因素包含是否纳入了物理和基础设施、是否考虑地理学与气象学因素，服务型因素包含用户交互集中程度、行为的专注程度与复杂性等，行为型因素包括环境敏感性、是否影响用户价值观、习惯、生活方式、环境知识等，而环境影响因素则考虑资源消耗量、运输碳排、是否产生废物等。通过综合性的评估后可以筛选出最迫切且与可持续最相关的需求以展开针对性的解决，以克服服务对环境产生的负面影响。

可持续对评估的介入还可以存在于"执行"阶段，对方案的可行性与可持续性展开评估。对于已经产出的设计概念或改进思路（Improvement Ideas）通过循环性（Circularity）与服务体验（Service Experience）两个方向展开具体的评估，可循环性包括是否践行了少使用、长期使用、重复使用，而在体验方面包括可用性、效率性、可信赖性，综合决定了方案的可持续适用性。

2. 可持续评估的维度与指标

设计评价是来自多角度的衡量与斟酌，没有绝对普适的标准；在实践中，相应的评价标准又具模糊性，缺乏明确的描述。基于

图 4.5
可持续性为导向的评估框架
（图片来源：作者自绘）

目标的限定，以可持续性为导向的评估框架将"可持续性"作为第一层标准，这也是可持续设计评价的最终目标；第二层是针对"环境""经济""社会"和"文化"的相关标准，是"可持续"得以实现的前提；第三层是保证各要素目标实现的分支标准，具体如下（图 4.5）：

・环境：①资源的有效利用；②减少毒害排放；③延长生命周期；④提高运输效率。

・经济：①供应商/投资者与用户的成本效益比；②成本与风险的管理；③未来经济前景预测等。

・社会：①工作条件；②生活质量；③包容、公正与创新；④社会安全性等。

・文化：①尊重文化多样性；②本土文化的维护与利用；③文脉传承等。

可持续设计的"环境、社会、经济、文化之共赢观"是一种策略化的模糊目标，其中包含了不同层次主体的利益目标以及诸多微妙和含糊的价值尺度。应该承认的是，不存在任何一套完善的评价标准可以作为衡量设计"可持续性"的精确工具。但同时应该看到，建立一个层次化的标准体系，对于尽可能地将模糊的目标转化、理解以致部分地诠释、表达，并有效维护设计评价的策略方向不仅重要，而且是可以实现的。

3. 代表性可持续评估工具

评价服务的可持续性需要综合考虑多个因素，因此需要使用多种工具和方法，如生命周期评估、社会成本效益分析等。

（1）SDO 可持续导向的产品服务系统在线评估工具

米兰理工设计学院在有关可持续设计的相关教材（该教材被欧洲、美洲和印度多所大学使用）中重点阐述了"生态高效型系统的设计标准和指导方针"的研发。这套涵盖 6 项环保标准和具体的指导方针，旨在引导以生态效益型系统方案为导向的创意。在此基础上，可持续设计定位（SDO：Sustainability Design-Orienting Toolkit）工具包由欧盟第六框架计划所资助，在 MEPSS（产品服务系统方法）的研究项目下进行开发，从环境、伦理/社会、经济三个维度综合评估各个指标在项目实施前后的相关影响，旨在从系统层面促进创新，其对可持续设计评估体系的建立很有借鉴和参考意义（工具网址：http://lens-europe.eu/tools/view/3）。SDO 中所强调的"系统创新观"已经成为近几年来一些设计研究中心针对"可持续设计"的策略出发点。这种系统创新的新办法通常选择两种不同方向：①将系统作为综合的产品和服务，共同满足幸福的特定需求。其关注的重点是参与价值链的社会经济行为者之间可能的合作关系以及相应的生态效益。②将系统作为开放的人工生态系统，尽量将废弃物和排放减到最小。

很明显，"系统创新"的理念仍然符合生命周期设计的基本标准，但它提出了系统重构的要求。由于面向生态效益的设计方法和工具的研发难度较大，通常需要分析系统的复杂性。同时，由于选用的设计策略和指导方针不同，"系统创新"强调追求系统中各个利益相关者之间的更有价值、互动性的结构设计。如果仅仅考虑产品生命周期进行设计，主体利益的差异性使得不同经济利益的参与者很难同时全都获得与他们经济利益一致的生态效益。因此，为了实现经济与生态效益的共赢，创新不再停留在产品水平上，它还应该包括不同参与者之间新型关系的创新。所以，"系统创新"问题属于战略设计范畴，参与式设计和不同的利益相关人之间需要形成新型的合作或伙伴关系，共属特定价值体系或共同链接生产过程。

基于上述思考，欧美的一些设计研究者们创造了一个新术语：可持续性战略设计。它强调可持续设计需要利用和整合战略设计的方法和工具。SDO 工具包便是基于这种理念研发出来的产物，旨在使系统设计（产品或服务）被导向一种可持续解决方案。为了实现这一目标，已确定了可持续性若干标准的优先项，并提供适当的指标清单。以"环境"维度的评估指标为例：

适用于环境方面的标准如下（也可视作环境维度的设计目标）：
- 优化系统生命周期；
- 减少运输、配送；
- 减少资源消耗；
- 减少废弃物排放，增加排放物和废弃物再利用；
- 改进再生性、生物相容性；
- 无毒、无危险。

从这些标准看，工具包可以通过一系列创意表管理不同阶段的创意，所有创意表都配备了适当的指导方针。一旦进行设计，设计概念要通过验证过程，在该过程中，管理与现有系统比较后得到的改进（采用一套指标），并通过雷达图显示。

（2）SusProNet 可持续指导性评估体系

国际可持续设计教育领导者们于 2008 年开发了一个针对产品服务系统设计的筛选工具。他们在 SusProNet 项目中以办公室为例，基于三个可持续维度：①环境（包括环境友好的资源利用、生态效益、生态系统保护）；②经济（包括平稳或持续增长的经济效益、竞争力的保护或推动、改善市场机制）；③社会文化（包括平等的机会、社会安全与就业率的提高、（个人）发展机遇的创造、生活及健康品质的提高）等因素，开发一个产品服务系统设计的筛选工具，并以此为基础，开发出一个基础的、比较通用的可持续创新系统评估表（表 4.2）。

SusProNet 创新系统指导评价标准表　　　　表4.2

分类	标准内容	描述	标准细则
经济方面	供应商效益 Provider Profit	设计给供应商以及合作伙伴所带来的效益和价值（包括投资成本、生产成本、市场效益等）	产品或服务的成本收益比
			市场地位是否得到巩固
			比竞争对手的优势何在
			培育与强化品牌形象的效果
		是否比竞争对手的生产成本更低？	所有合作伙伴的效益（不仅是供应商）

续表

分类	标准内容	描述	标准细则
经济方面	用户效益 Customer Profit	设计给顾客或消费者所带来的效益和价值（包括支出上的节约、时间上的节省等，以及设计给消费者带来的非金钱衡量的、潜在的效益，如被尊重、美好的体验等）——即消费者是否愿意为新的设计付更高的费用	产品或服务的性价比
			产品的安全性
			方便获取、使用、维护产品或服务
			独特的体验设计，用户心理的满足感
	投资成本 Investment Risk	设计实施的困难和风险评估 预期结果能否被有效估量和表述或客户投入的成本是否面临高昂的、不可控的风险；投资回报的时间	投资风险、收益评估
			投资回报时间
			有利于创造新的投资与就业机会
	未来前景 Future Perspective	设计的可持续盈利能力？即对于投资人来说，该设计解决方案能否在未来的价值链中占据重要的、主导性的位置？	潜在商业机会的培育与开发
			持续创新能力的加强
			长期竞争力的加强
			灵活的、可变通的设计策略
			本土资源的有效利用和开发
环境方面	材料效率 Material Efficiency	材料的使用效率（包括材料的投入与产出，以及废弃物等）	最小化使用各类环境资源
			产品或服务的使用寿命
			拆卸、回收、翻新，以及减少余料和废弃物
	能源效率 Energy Efficiency	能源的使用效率（包括能源的消耗，以及再生能力等）	原料加工、生产、分配以及产品回收处理过程中的能源消耗
			产品及服务使用中的能源消耗
			可再生能源的应用情况
	污染排放 Toxicity Emission	各类有害物质的产生及处理（毒性物质的使用、产出以及排放等）	有害物质的使用、产生与排放
			污染物是否得到有效处理
			噪声污染的产生
			有毒物质及污染物处理方法的普及和说明
	环境规划 Environment Planning	合理的环境规划（包括地域、城市、空间的生态系统研究与规划）	各类建筑物、设施的合理布局、规划
			道路、人流动线等的合理规划
			生态环境的保护、恢复与合理开发
	运输效率 Transportation Efficiency	运输效率（包括人、货的运输，涉及运输距离、方式、体量、包装等）	减少运输的距离、运量、体积等
			本土化策略
			信息/数据的网络化传输以及远程服务系统
			高效、绿色的包装方式设计
	其他 Other		

续表

分类	标准内容	描述	标准细则
社会方面	工作条件 Quality of Work	各生产环节中的工作条件（包括环境、健康保证、安全、提供学习机会等）	童工以及血汗工厂问题
			健康、舒适的工作环境
			促进活力与休闲的机会
			学习与发展的机会
	用户体验 Enrichment of Life	用户生活品质的提升与丰富（通过提供学习的机会，强化、促进一种主动参与的行为，区别于传统的被动使用）	鼓励与促进用户参与式的设计过程
			提升用户的社会责任感，并导向可持续性消费理念
			促进社区内部的社会融合与协作关系
	公平性 Justice	同代间、代际间的公平性（包括社会群体间财富与权力的分配公平，以及对后代没有遗留问题等）	关注于弱势群体的设计
			包容性设计
			其他共享服务系统的开发设计
	文化价值 Culture Value	对文化价值及多样性的尊重（比如定制化的解决方案，构建一种区域性的社会幸福观或文化价值等）	对传统文化的尊重和发掘
			满足多样化的需求
			加强本土文化价值的认同感
			有助于构建可持续的价值观与消费观
	其他 Other		

（3）Ken Yeang 的生态系统选择评价表

美国学者 Ken Yeang 在 EcoDesign 一书中提出了针对生态系统选择的评价标准，并给出了评估后的活动策略指引（表 4.3）。

4. 设计评估的模糊性

可持续设计评价标准是指将"可持续"视为设计评价的最终目标，其评价体系研究所涉及的问题极为复杂。由于设计活动不仅有关量化的技术、经济成本等问题，还关乎无法量化的美学、人的偏好、社会效益等问题。

且设计目标通常是复杂而模糊的。一般化的目标由单一或少数的标准所界定。比如设计一个金属密封的旅行杯，对于密封这一目标来说，判断其是否达到目标的标准是很容易制定的，可以将旅行杯摇晃

生态系统选择评价标准表 表4.3

所选用的设计决策 Design Decisions to Be Made	被评估的生态标准 Ecological Criteria to Be Evaluated (Interactions Framework)	所考虑的设计策略 Examples of Design Strategies to Be Considered	所需的技术应用和发明 Examples of Technological Applications and Inventions Needed
所选用的服务系统	在生产、建设、运营和废弃过程中过度使用能量与物质消耗 考虑生命周期中的输出排放 对项目工地上的生态系统的影响 整个生命周期中的行为活动所造成的生态系统的影响	使用本土的能源与物质 减少用户需求和舒适度的整体水平并降低总体消费水平 能源与材料的使用优化	可拆卸的结构和系统,以便重新使用 材料来自于可再生资源 使用回收材料 使用可生物降解的材料,它们能够被生态系统吸收 开发低能源消耗与材料的低污染形式
空间规划	对于项目工地的生态系统的影响	设计一个最低生态影响的工地	选址前的生态系统预分析

或倒置检查是否有水渗出;再变换温度、湿度等环境条件检查其可靠性等。而含糊的目标则缺乏明确标准的界定:"城市应该设计得更加友善""茶杯可以设计得更加民族化""手机应更加人性化""椅子应设计得更加舒适""居住空间应该布置得舒适宜人",等等。这些目标都是含糊不清的,多运用比较级,制定目标的人并不精确地知道他所期待结果应该是什么样子,只是一种方向性的战略目标,因而在很多情况下难以判断是否真正或在什么程度上达到了目标。

比如"椅子应设计得更加舒适",这是一个典型的模糊目标,其中包括椅座的高度、椅背的角度、可调节性、材料强度、质感以及造型的美感等。由此可能提供一些线索,即所谓的模糊目标通常是由多个子目标构成的。这种系统化的解读方式有助于对模糊目标的理解。由于每一层次的目标都会相应体现为一定的标准,这样使得评价标准有望从含糊、抽象的描述逐渐到具体、清晰的限定。所以在制定设计标准时,最为理想的办法是将模糊目标尽可能地细化并转化为单一目标,再有针对性地建立设计评价的标准尺度。

但是,并非所有的模糊目标都能够被清晰地分解、细化直至精确地表述。"友善""民族化""人性化""更加舒适"——所有这些概念都没有一个固定的所指,它们是许多不同元素和过程的复杂创造。因此,在面对"美感"或"价值感"时,尤其在加入了"人的多样化需求"等限定性因素后,设计目标会变得更加复杂而难于界定。

可持续设计的评价标准也是如此,尤其它还要涉及环境、社会、经济等多维度的系统评判。为了尽可能实现系统的可持续发展,有必要提出一种针对设计目标的多维度的"共同可持续发展观"。这种

■ 服务设计与可持续创新

"共同可持续发展观"是一种策略化的模糊目标,其中包含了不同层次主体的利益目标以及诸多微妙和含糊的价值尺度。应该承认的是,不存在任何一套完善的评价标准可以作为衡量"共同可持续发展观"的精确指标。但同时应该看到,建立一个层次化的标准体系,对于尽可能地将模糊的目标转化、理解以致部分地诠释、表达,并有效维护设计评价的策略方向是至关重要的。

四、启发式可持续创新方法

可持续产品服务系统的情景启发工具由英国 Brunel 大学的 Aine Petrulaityte 博士开发,旨在引导学生将情境案例卡片定位于由产品服务系统(PSS)与分布式制造(Distributed Manufacturing,DM)两条轴线构成的平面图中,以更好地理解分布式制造在可持续产品服务系统中所发挥的作用,并启发创新概念,如图 4.6 所示。纵轴越靠上,消费者参与程度越高,代表着消费者可以与建立长期且深度的合作关系,更有机会介入产品生命周期过程中,越可以提升消费者对 PSS 的认识、接受度与信赖感,有利于践行可持续目标;横轴越靠

图 4.6
以情境案例卡片的形式启发 PSS 的可持续创新概念
(图片来源:Anie Petrulaityte 绘制)

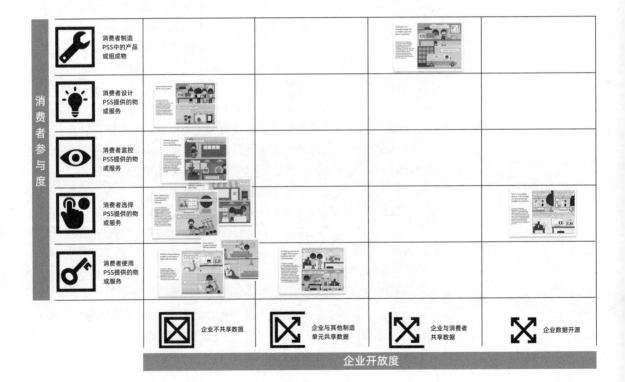

— 116 —

[第四章] 可持续服务设计流程与方法

右，企业开放程度越高，代表着企业的分布式制造特征越显著，越容易与消费者、利益相关者建立网络系统，了解彼此，更有利于发展富有韧性的可持续战略。

而湖南大学高梦博士在 Aine 博士工具的基础上进行延伸并迭代，开发了适用于课程语境（例如分布式经济、共享经济等话题）的概念启发与筛选工具（图 4.7）。该工具在纵轴上表示产品服务系统中提供的服务类型，越向上代表用户对产品的所有权越低，共享程度越高，可持续潜力也就越强，在横轴上表示分布模式的系统尺度，越向

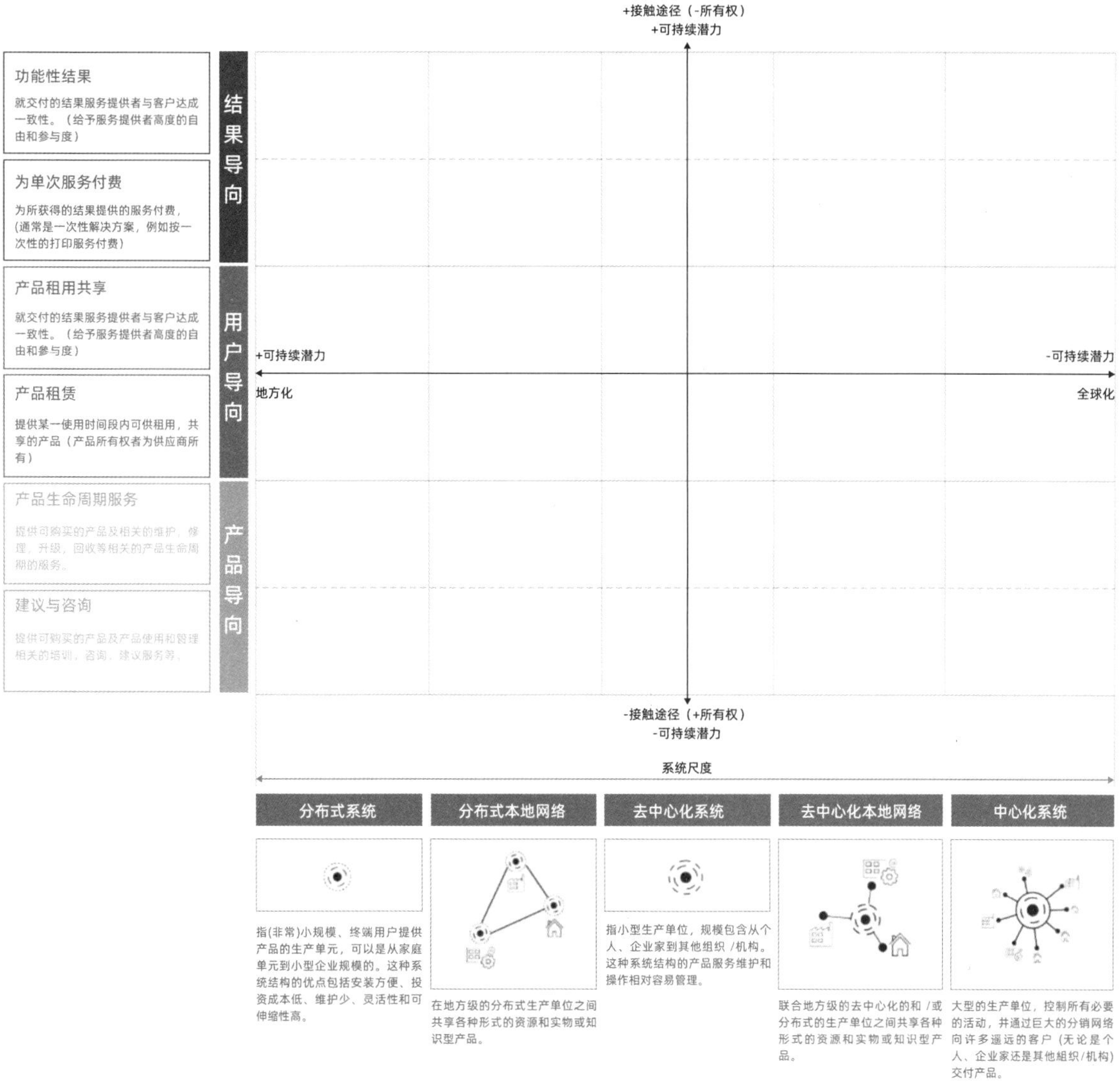

图 4.7
PSS 的可持续创新概念启发与筛选工具
（图片来源：高梦绘制）

结果导向	功能性结果	就交付的结果服务提供者与客户达成一致性。（给予服务提供者高度的自由和参与度）
	为单次服务付费	为所获得的结果提供的服务付费，(通常是一次性解决方案，例如按一次性的打印服务付费)
用户导向	产品租用共享	就交付的结果服务提供者与客户达成一致性。（给予服务提供者高度的自由和参与度）
	产品租赁	提供某一使用时间段内可供租用，共享的产品（产品所有权者为供应商所有）
产品导向	产品生命周期服务	提供可购买的产品及相关的维护、修理、升级、回收等相关的产品生命周期的服务。
	建议与咨询	提供可购买的产品及产品使用和管理相关的培训、咨询、建议服务等。

纵轴：+接触途径（-所有权）、+可持续潜力 ↑ ；-接触途径（+所有权）、-可持续潜力 ↓
横轴：+可持续潜力 地方化 ←→ -可持续潜力 全球化
系统尺度

分布式系统	分布式本地网络	去中心化系统	去中心化本地网络	中心化系统
指(非)小规模、终端用户提供产品的生产单元，可以是从家庭单元到小型企业规模的。这种系统结构的优点包括安装方便、投资成本低、维护少、灵活性和可伸缩性高。	在地方级的分布式生产单位之间共享各种形式的资源和实物或知识型产品。	指小型生产单位，规模包含从个人、企业家到其他组织/机构。这种系统结构的产品服务维护和操作相对容易管理。	联合地方级的去中心化的和/或分布式的生产单位之间共享各种形式的资源和实物或知识型产品。	大型的生产单位，控制所有必要的活动，并通过巨大的分销网络向许多遥远的客户（无论是个人、企业家还是其他组织/机构）交付产品。

左代表系统的分布式程度越高，灵活性与弹性高且可持续潜力强。在实际应用中，该工具可以帮助学生发散可持续创意的同时，评估筛选方案的可持续潜力。

课后思考与练习

- 践行可持续目标的服务设计方法都有哪些？
- 回顾这些方法的适用阶段与具体用法，将其填入双钻模型的对应位置。
- 讨论各个方法的使用目的、可能带来的可持续价值。

[第五章]

可持续服务设计教学实践

设计的内核和外延都正面临多元化的转变，应对环境、社会和经济等日益复杂的问题，设计师有责任思考并提出全新的设计策略和系统性设计解决方案，以设计的力量适应发展的需求。

第一节　可持续服务设计课程体系

一、课程设置

本章节旨在介绍服务设计参与可持续创新的教学实践，主要围绕湖南大学设计艺术学院服务设计相关课程中以可持续性为目标的设计课题及教学成果，包括本科三年级课程《复杂系统设计》以及研究生课程《设计演变与可持续》的部分优秀学生作业案例，希望可以帮助读者在上一章学习了相关的可持续理念与服务设计相结合的设计方法和工具后，可以进一步从学生作业中实际感受如何将可持续思维运用于服务设计项目中，以全新视角洞见复杂的社会、环境系统和可持续性发展需求，从设计机会点和创新解决方案中获得启发。

其中，《复杂系统设计》（2017—2022）和《系统设计》（2011—2016）课程是在设计专业面临更多跨专业、多领域、目标未知等复杂情境下而产生的课程内容，通过引入系统导向的设计（SOD，System Oriented Design）和产品服务系统（Product Service System）的方法和知识体系，从思维、方法和实践三个层面，要求学生重新认识设计对象的复杂性、系统性和跨领域性，尤其是从环境、社会和经济的交叉视角，理解发现和定义复杂的可持续发展问题，在传统设计流程的基础上，从定义和发现问题开始，寻找满足环境可持续、商业创新和社会发展等复杂需求、包含服务模式、商业模式、信息交互、产品系统一体化的整体设计解决方案。

同时，在研究生教学层面，则通过《设计战略》《设计演变与可持续》等课程引导研究生全面思考可持续设计战略，以及设计学科如何应对可持续发展话题和环境危机、社会转型背景下的设计新策略，从企业层面分析如何围绕可持续发展的中长期目标制定设计政策和规划，以及落实到产品开发、品牌理念等微观可执行层面的设计研发模式进行案例分析和策略研究。

二、课程主题

自 2011 年以来该系列课程主要围绕可持续发展当下需求和未来长期目标,如共享经济、垃圾分类、老龄化和气候变化、韧性社会、可持续校园等议题,进行大胆创设和系统创新。

2022 年:关注 2030 可持续发展目标下的校园未来生活、学习和环境系统创新。

2021 年:学习复杂社会问题的研究方法,深入分析数字化时代老年人面临的数字化障碍问题,以探寻适应老人的数字化技术、打破数字鸿沟为目标,开展系统研究和产品服务系统设计。

2020 年:学习复杂社会问题的研究方法,深入分析疫情影响下的社会、技术和需求变迁,围绕构建弹性、健康的社区和城市话题,开展系统研究和产品服务系统的设计。

2019 年:从环境危机引起的人类生存与生活形态变迁等角度切入,以低碳化、弹性、可替代、自然和谐等设计策略,针对能源、水资源、土壤、空气等环境基本要素,提出关于未来城市的系统化可持续服务设计解决方案。

2018 年:关注城市、社区垃圾分类、外卖垃圾和共享产品废弃物等复杂社会问题和现实需求,运用系统设计思维,提出产品设计、服务设计等系统层面的创意解决方案。

湖南大学设计艺术学院 2021 年和 2022 年研究生《设计战略》课程,则分别以联合国可持续发展 17 个目标 SDGs,以及应对"双碳"目标为主题,针对企业层面如何在应对环境、社会等可持续发展、低碳发展上的战略目标,对其中优秀企业与服务提供商进行了案例研究和设计策略分析(图 5.1、图 5.2)。

在先前的研究生课程《设计演变与可持续》中,则分别探讨了:

2020 年:在新冠疫情影响下,探讨城市和社区的改变和转型趋势,围绕未来健康和弹性的社区和城市为设计目标开展服务系统设计。

2019 年:以循环经济为背景,思考如何重新构建未来可持续生活方式,与阿里巴巴闲鱼二手平台合作,以家庭、社区闲置物品循环利用为突破点,以线下社区服务为具体设计对象,进行全新的服务系统创新设计。

接下来将按照三个主题"校园学生身边的可持续问题""城市和社区的可持续问题"和"复杂社会性问题"对上述相关课程的优秀设计作业和成果进行分类和案例解读。

■ 服务设计与可持续创新

图 5.1
围绕联合国可持续发展目标的全球设计战略分析

图 5.2
围绕国家双碳战略目标的企业设计战略分析

第二节 可持续服务设计创新教学案例

一、校园视野下的可持续性问题

在学生身边与校园内发生的种种现象中就存在着许多不可持续问题，例如由学生周期性入学毕业所导致的大量日用品的消耗、闲置与浪费，又或学生群体偏爱点外卖导致的包装浪费、打印考试学习资料导致的用纸浪费……学生群体所产生的闲置物与废弃物急切需要服务设计的介入改善共享、回收模式，形成可持续闭环；除资源的消耗外，校园能源使用也面临着巨大挑战，学生由于用能行为集中，日间教学楼等场所产生的能源损耗尤其多,其中存在众多用能不规范、管能不成体系等造成能源浪费的问题。因此本小节从学生的典型日常行为与涉及的服务系统入手,探索服务设计介入的可能性,激发学生可持续行为,实现校园可持续目标。

关注校园问题在设计解决上也存在着众多优势。在群体特征上,学生开放的心态特征更包容方案的试行与实现,也更乐意参与到设计调研、设计评估甚至设计执行的过程中来,另外学生的环保意识更强,也更容易接受设计概念中新鲜而富有趣味的可持续创新形式;在环境特征上,可触及、更容易着手去应对的身边问题与现象让设计者更有亲身体会,更容易产生掷地有声符合实际需求的服务方案,另外高校提供的大学生创新创业项目等途径让方案得以在资金支持下试行,为服务模式的孵化、成长与迭代提供了土壤,更容易发展为应用于社会中的实际项目,带来更广泛的可持续价值。

但是,应对校园问题同时也面临着阻碍与挑战。由于外包垄断而导致商业模式介入与竞争程度低下,校园内的B端管理存在很多问题,也存在较多限制,设计师需要付出更多的努力协调好校内的行政单位并自主协调众多利益方,从而保障系统在校内的正常运行。

1. 绿纸计划——校园纸张可持续系统设计

我国造纸业一直对外国废纸进口依赖性较高,随着《关于全面禁止进口固体废物有关事项的公告》的颁布,提升我国废纸回收率、提升我国废纸回收质量显得更为重要。高校作为社会废纸产生的主要场所之一,存在学生生态环保意识低、废纸回收率低、回收效率低等亟待解决的问题。有鉴于此,本设计从可持续发展3R原则角度出发,对校园废纸的产生、利用、回收三个角度进行了全面分析,最终形成了以信息化平台和产品终端为核心的系统设计解决方案。

在该作品的设计过程中,采用了田野调查的方法,实地走查了校园内纸资源使用的高频场所和使用流程,挖掘出校园纸资源回收的现有流动枢纽和废纸产生的主要原因,例如学生废纸回收意识低、参与回收成本高等。在此基础上,对于调研过程中寻找到的设计机会点展开了构思,以打印店作为核心场所设计出了包含"轻量化打印、单面纸利用、回收与激励"在内的校园纸张可持续系统。

绿纸计划的产品终端作为用户的线下接触点,可分布在校园各公共场所,引导学生更可持续的打印行为:轻量化打印、单面纸利用及回收与激励,满足了打印、回收、种植等需求,起到了链接核心设点和 App 的功能。

绿纸计划通过轻量化打印（Reduce）、纸张再利用（Reuse）、回收与激励（Recycle）的方式，直接减少了打印纸使用，提高了校内纸张利用率与回收率，培养了节约用纸与回收的意识，学生种植的植物对于校园环境也起到了美化作用（图5.3）。

2. 蘑菇屋——基于菌菇生物降解能效的校园可持续餐盒垃圾资源化

我国每年产生的外卖垃圾约有90万吨，其中学校园区的外卖量就占到了10%，要将这些垃圾无害化处理需花费约24.5亿元，外卖餐盒由于油污问题，回收和清洗成本高，现有垃圾处理流程是将其直接焚烧处理，造成了大量污染与浪费。针对学生园区中大量外卖餐盒垃圾问题，基于菌菇对餐盒材料的生长适应性与快速降解能效，以餐盒材料为基质培育菌菇作物，产生经济价值，构建餐盒垃圾的资源化利用新渠道。

在本作业的设计程序中，着重于可持续创新材料的创新发散与降解能力的评估。使用了头脑风暴的工具，发散并选择了餐盒处理步骤简化、生物降解途径探索、餐盒垃圾赋能等设计方向，并创新性采用了蘑菇作为餐盒降解材料，随后开展了对照实验检验平菇在油污、餐盒等条件下的适应情况，以验证本可持续方案的可行性。

在服务流程上，采取了系统且线上线下多端配合的回收服务，引导学生提前清洗餐盒让回收后的餐盒可以更高效地在后台制作为蘑菇的培养基；在利益相关者上，通过志愿招募、积分兑换等利益驱动使学生更多地参与到餐盒的回收与蘑菇培养的管理过程中，提升了管理效率与学生的环境意识。

本设计作品通过B端基于菌菇培育的垃圾管理与C端回收端口的服务创新，更多的学生参与到餐盒的回收中，让一次性外卖餐具包装具备全新的堆肥价值，避免了被焚烧的命运，减轻了该类型垃圾的环境压力的同时，增加了生态与经济效益（图5.4）。

3. 钓鱼的故事——高校电子数码闲置物品捕鱼模式

二手闲置物品交易平台正经历着模式与渠道不断丰富与完善的过程，二手车、二手电子产品、二手奢侈品市场的上升通道逐渐打开。而年轻的受众群体二手闲置物品较多，但缺乏在线下售卖的机会。在

[第五章] 可持续服务设计教学实践

绿纸计划——校园纸张可持续系统设计
李文萱、王子煊、郝亮

绿纸计划的产品概念图

绿纸计划的交互概念图

校园纸资源使用实地调研

校园纸资源使用现有流程分析图

废纸回收现状分析探究不可持续的原因

绿纸计划产品终端设计介绍

使用绿纸计划校园纸张可持续系统前后的用户旅程对比图

图 5.3 绿纸计划——校园纸张可持续系统设计（图片来源：李文萱、王子煊、郝亮绘制）

— 125 —

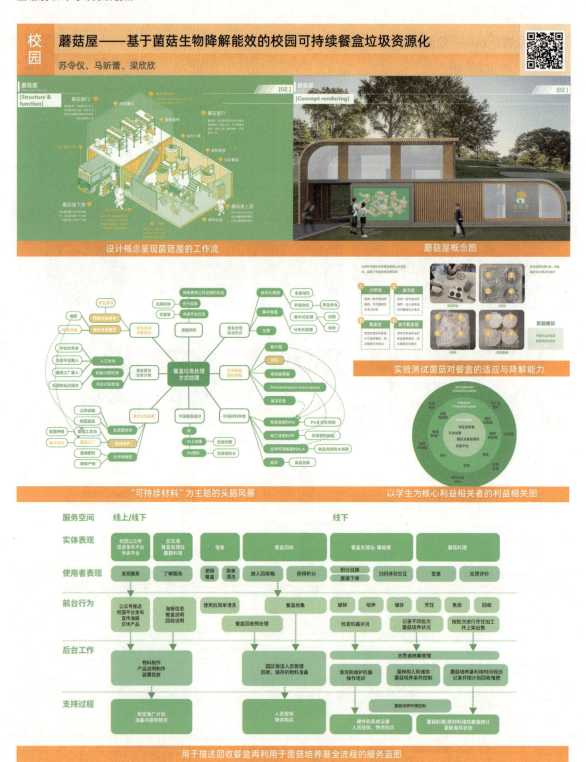

图 5.4 蘑菇屋——基于菌菇生物降解能效的校园可持续餐盒垃圾资源化（图片来源：苏令仪等人绘制）

这样的背景下，设计出了校园内的电子类闲置物品体验空间小站产品服务系统，为有需求的高校学生提供了租赁、体验、购买等服务。

在本设计当中，在完成对线下二手平台的对比分析之后，对这些设计点进行了可持续价值的评估与筛选，最终确立了本次设计的概念方向：覆盖线下体验、空间体验、技能发展、附属服务、信息数据等多维度服务在内的高校电子数码闲置物品线下体验空间。

"钓鱼的故事"高校电子数码闲置物品捕鱼模式有三个主要产品：空间小站"鱼箱"满足了用户二手电子数码产品租赁、试玩、多人交互体验等需要；回收小盒"钓箱"硬件产品提供了二手电子数码产品维修清洁、组装电脑等服务；而线上 App "鱼竿"则可以帮助用户预约上门回收二手电子数码产品、新品体验及"鱼箱"产品服务体验。将技术党、发烧友等不同类型的电子产品爱好者纳入利益相关者矩阵中来，让闲置资源匹配特定人群的需求与特长，形成大学生群体间闲置物充分交换、维修的自治。

"钓鱼的故事"高校电子数码闲置物品捕鱼模式促进了校园内部闲置数码产品的流动，保障了闲置电子物品可以持续发挥使用价值，避免了不必要的购买与废弃行为，促进了 3C 产业的可持续发展（图 5.5）。

4. 校园毕业季——闲置不毕业

"闲鱼小铺"是针对毕业生售卖、收购毕业闲置物品而设计的校园闲置品转卖系统，系统基于闲鱼的服务逻辑打造，并拓展其运营方式为线下实体小铺与线上收购邮寄结合，形成以毕业生为核心的多方共赢服务模式。

在设计程序中采用了可持续产品服务系统创新地图，基于系统中心程度与用户在服务中参与程度的可持续潜力，对现有竞品进行定位与评估，以寻求定位机会点。

在这一创新的闲置物品转卖系统中，为毕业生提供易使用方便安装的闲鱼小铺，降低闲置物交易门槛，使其更加轻松高效地售出自己的闲置品，赚取实在收益的同时也获得了闲鱼的福利券，提升了闲置物交换的可能性与效率；而对于购买方来说，在校学生、校内居民、第三方收购点获得了一个方便购入物美价廉物品的平台，闲鱼小铺售卖台的精心布置增加了交易的趣味性，也更好地保护了闲置物品；学校的组织管理部门也可以更规范快捷地管理毕业生闲置物品，最大程度减轻了毕业生离校后安排搬家公司大批量处理闲置物品的难度。通

服务设计与可持续创新

校园 | 钓鱼的故事——高校电子数码闲置物品捕鱼模式
易子琦、董思熠、王喜乐、邱嘉焕

空间小站"鱼箱"产品概念图

回收小盒"钓箱"硬件产品 概念图

高校电子数码闲置物品捕鱼模式利益相关者矩阵图

关于线下二手平台的概念方向确定

关于线下二手平台的头脑风暴

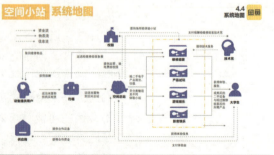
高校电子数码闲置物品捕鱼模式系统地图

图 5.5　钓鱼的故事——高校电子数码闲置物品捕鱼模式（图片来源：易子琦、董思熠、王喜乐、邱嘉焕绘制）

过该产品服务系统实现了毕业生售卖方、非毕业生收购方、校园管理方的三方共赢。

通过设计者的产品服务系统，闲鱼线上线下共同售卖的渠道得以打通，对"闲置品"这一本身容易产生直接丢弃、贱卖等不可持续现象的物品进行转卖流程优化，让售卖方、收购方、管理方都能更加高效、便捷、规范化地达成目的，大大降低了闲置品的废弃率与对环境造成的负担，让闲置品物尽其用（图5.6）。

5. 轻电——校园节电系统

电能为我国高校主要能耗之一，燃煤发电严重污染了环境。我们通过分析聚焦以下两个校园痛点：公共空间利用率低，能耗大，个人用电需求无法满足；私人空间能耗大，对用电量缺乏概念导致过度使用与浪费。本系统通过团队激励机制、个性节电规划，太阳能共享无线充等硬件进行适应性行为辅助及"线上+线下"可视化反馈，形成"无痛"节电模式。

在设计程序中，通过建立节电系统中的用户画像，并分析硬件层面与行为意识层面所导致的用能行为不集中、节能督促不足等问题进而导致的电能损耗，提出通过服务劝导用户集中用电的设计机会与概念。

轻电——校园节电系统的服务亮点主要有以下三个方面：①个性化规划节电：系统根据个人偏好推荐合适的教室，提高教室落座率，减少不必要的空调、电灯等使用；②硬件适应性行为辅助：太阳能无线充解决教室插座分布零散或不足的问题，共享模式所支持的毛毯租借解决公共空调导致冷暖感知差异而分散教室的问题；③团队竞争激励机制：利用团队竞争意识持续激发节电行为，提高节电的积极性和趣味性。

本设计通过线上App与线下服务点的配合，通过游戏化机制激励用户进行节能行为，从而培养在公共空间的节能意识与个人的规范用电习惯养成，减少了校园电能的损耗与浪费（图5.7）。

二、服务设计应对周边社区可持续问题

社区已越来越成为设计高校与设计学生重要的实践阵地，例如湖南大学的新通道乡村振兴项目即在检验设计在乡村社区中如何赋能当地文化产业发展与村民福祉，同济大学的NICE 2035项目则旨在探

服务设计与可持续创新

校园毕业季——闲置不毕业

康庆春、张思雨、李雪、方滢洁

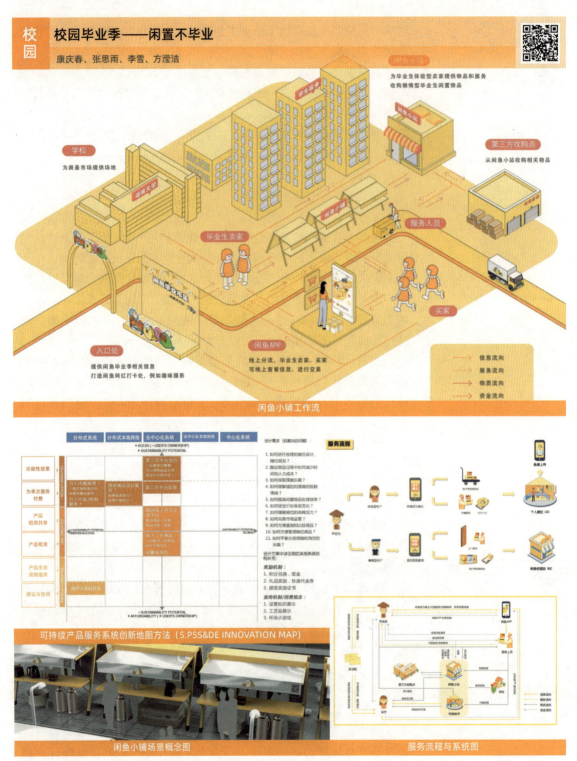

图 5.6 校园毕业季——闲置不毕业（图片来源：康庆春等人绘制）

[第五章] 可持续服务设计教学实践

校园 轻电——校园节电系统
王璐、沈惟叶、顾翌珩

轻电的产品概念图

轻电的交互概念图

节电系统用户画像

问题聚焦、设计机会点

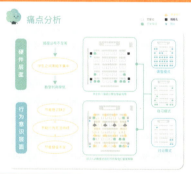
轻电——校园节电系统痛点分析

轻电——校园节电系统动机矩阵

对用户舒适度与温度适应性的考量

系统地图所反映出学生用能行为的改变

图 5.7 轻电——校园节电系统（图片来源：王璐、沈惟叶、顾翌珩 绘制）

- 131 -

索城市空间中四平路周边社区的设计创新，形成更可持续、更具包容性的未来社群结构……高校设计学生们在社区实践的背景下尝试通过服务设计应对相较校园环境更为复杂的不可持续问题：例如社区周边居民与菜市所产生的厨余垃圾回收问题、食物浪费问题等，又或社区中居住的中老年人、慢性病患者等弱势群体的身心健康问题，疫情下社区卫生系统与管理问题，社区缺乏凝聚力等宏观价值型问题，即便是大大小小的日常生活也充满着挑战。在这一小节中，希望通过学生所及之力，探索服务设计如何保障社区运转的基本功能，提升社区居民福祉与健康，以及建立更具弹性的社区结构。

社区具有很多服务设计可利用的优势特征，在社区性质上，作为连接"家庭"与"社会"的过渡地带，在功能上存在着众多可能性，可以以分级诊疗的形式缓冲大型医院压力，可以作为托管儿童的游乐天地，也可以容纳菜市场等"家门口"的零售商业模式，甚至作为文化创意的孵化场所……种种现象丰富了服务设计的介入范围；在利益相关者特征上，由于社区的群居结构相较校园存在更多样的利益角色，社区居民中潜藏的特长技艺、能力更有可能被发现并发挥应有的价值，例如社区中的商铺老板可以作为保护儿童游乐安全的潜在利益相关者，也更具有邻里帮扶、建立和谐互助关系的潜力。

但是，利益相关者的多样性也是一种挑战，如何动员社区群众参与到利益网络中来，调动居民的主观能动性与积极性，以及培养可持续意识，是需要学生们着重关注的。

1. MediCo——隔离常态下的居家诊疗系统

从系统调研了解分析分级诊疗系统入手，并进行设计性评估后，我们关注到了基层诊疗中的家庭医生。通过实地签约、跟踪服务及线上调研，我们发现这一制度虽然政府在积极推广但收效甚微，同时发现在家庭医生与居民的交流中存在的问题。进而我们联系到日前国内外的疫情，提出在隔离常态下如何通过改善就诊方式及药物流通途径从而达到"居家式诊治"的问题。

MediCo 系统由三部分构成："MediCo" App 进行常规人体检测，"Bridge" 直接连接基层医生自主进行配出药，"COCO" 无人机配送到家。运输全程无接触，将传染风险降到最低。

在服务流程上，以"家庭医生"与社区居民为利益核心，构建了居家诊疗系统结合线上线下配合的就诊服务方式，通过线下管理存放社区所需要药品和医疗设备的线下诊断室 Bridge，并线上引导用户与家庭医生在线沟通问诊,必要时用户可以在 Bridge 诊断室对身体进行初步诊断,在自助药品收集站领取已购买或需要购买的药品。

本设计作品基于线上线下平台结合的方式搭建居家诊疗系统,借助社区医疗终端为居民提供一种无接触式的就诊方式,在线完成"望闻问切"的诊疗流程,让居民更放心地与一个长期的、可真实触摸到的家庭医生打交道,避免了大型医疗机构的服务压力,让疾病预防与诊断的服务人人可以触及(图 5.8)。

2. CO-LI 未来共享社区低碳激励系统

到 2050 年,75% 的人都将生活在城市里,更多的人口,将要共存于更为拥挤的生存空间。人与人之间疏远的距离,对于生活品质的要求,使得未来的人们倾向于选择"共享生活"方式。然而,传统的共享社区只能将空间资源分配给社区内部的人群,存在低峰期利用率不高、水电资源浪费等问题。因此希望打造一个更多交流、更加低碳的共享社区。

通过调研的痛点探索,为具有不同私密程度的空间设置了不同的使用权限,让并非住户的人群,也能够走进共享社区,使用部分私密程度较低的区域,分享空间与资源,增加人与人的互动几率打破空间藩篱,让人群重新汇聚。并通过 SPSS 评估设计机会点形成方案的优势并最终选择了更分布且趋向于服务导向的 CO-LI 共享家方案。

本方案设计了一个以"CO-LI 能量块"为核心产品的激励系统,鼓励内部住户多使用共享空间、践行低碳行为;同时,通过支付宝小程序,外来人士还可在低峰期付费进入共享空间。

在服务系统的设计中,B 端的能源结算系统可以计算用户行为与对应的能量值并且管理由太阳能发电的能量块存储架;而在 C 端用户账号可以通过线上触点与邻居交换能量的方式培养节能意识,或直接以线下租借能量块的方式在共享空间中使用以培养规范用能的习惯。

CO-LI 未来共享社区通过两种共享方式,提高了共享空间的利用率,鼓励集中用电,以共享式自主用电、用户间的能量交换提高社区居民对低碳行为的感知度与参与度,进一步促进了可持续社区的发展(图 5.9)。

3. PLINK——儿童友好型社区

PLINK 是在联合国儿童基金组织关于倡导建设儿童友好型城

服务设计与可持续创新

社区 | **MediCo——隔离常态下的居家诊疗系统**
上官文琪、何璇、唐朝、李铭宇

居家疗诊系统匹配的产品设计　　居家疗诊系统匹配的App界面展示

设计机会探索

从基层医生、上级医院医生、政策、系统四个方面进行问题分析　　头脑风暴探索保障社区医疗服务的设计机会点

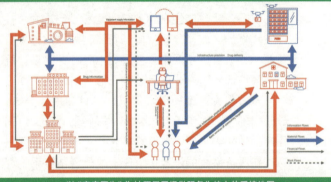

以"家庭医生"为社区居民提供服务为核心的系统地图

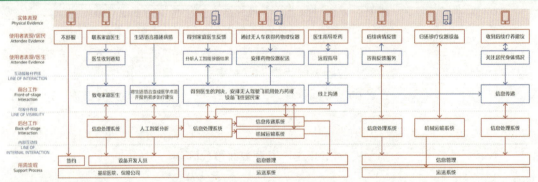

MediCo隔离常态下的居家诊疗系统的服务蓝图

图5.8　MediCo——隔离常态下的居家诊疗系统（图片来源：上官文琪等人绘制）

[第五章] 可持续服务设计教学实践

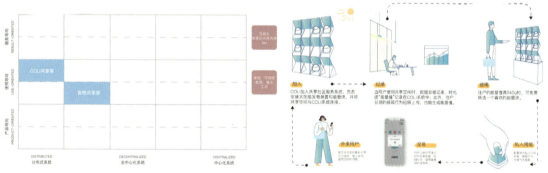

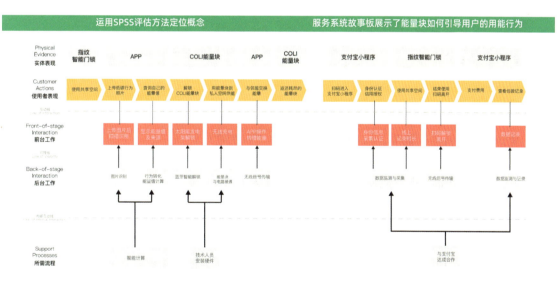

图 5.9　CO-LI 未来共享社区低碳激励系统（图片来源：桂芷欣等人绘制）

市的建议框架下，以打造社区共建的儿童友好型社区为目标，以独立、自由、安全为核心价值主张，为城市 5~12 岁儿童安全活动和快乐社交的设计。

在本作业的设计过程中，充分考虑了整个系统流程中的多方利益相关者，包括儿童、家长、物业、社区居民、物资提供商等，随后使用动机矩阵工具分析了每一方利益相关者可以给到其他相关方的收益，从而提炼出每个利益相关者身上可以实现的人文可持续目标：如促进儿童自由独立成长、促进家长之间的交流、通过多小区设备流通降低成本、提高商家知名度并获取消费者信任等，最终构建一个更加儿童友好、包容信任、和谐可持续的社区环境。

系统内主要包含对社区中三种儿童活动空间（社交空间、运动空间、读书空间）、儿童实体终端和家长端 App 的设计。家长端 App 作为物业系统的一部分，可以联系儿童与社区中的其他居民，形成社交网。而当孩子遇到危险时，可以通过终端紧急求助，求助信息将发送给社区位置最近的居民，使儿童获得最迅速的帮助。此外儿童还可以在终端上通过投票的方式选定每月一次的社区活动主题，并在物业、家长和社区周围商家的帮助下自行组织开展社区活动。

通过这个项目，PLINK 集结调动分散的社会资源，重构了儿童 + 父母 + 社区居民 + 物业 + 社会组织的多方力量关系网，让孩子能在和谐互助的邻里关系中安全、独立、快乐地生活、出行和社交，让城市成为儿童最大的教具（图 5.10）。

4. Co-Mart 可买联盟系统设计——针对社区超市场景的疫情应急系统研究与设计

社区超市作为重要程度高、灾害疫情期间不会被取缔或关停的必要基础设施，自然拥有稳定且固定的客流，在特殊时期可以发挥巨大的功能。Co-Mart 可买联盟，以社区超市、个体商家和物流配送平台为主要合作伙伴，以售卖商品、信息发布、广告宣传为关键活动，致力于打造城市范围内的线下商家联盟平台，为社区居民提供基于更近地理位置的更精准的商品，并帮助商家了解市场情况。

首先从疫情现状出发，分析城市、社区健康相关系统的脆弱性，通过头脑风暴确定了以基础设施重构为切入点。然后通过针对疫情前期以及中后期不同用户进行访谈，并通过需求图谱可视化的方式发现疫情中后期存在快速获得特殊商品的需求，社区超市的货品无法完全满足，城市的快递物流阻塞情况也较严重。

[第五章] 可持续服务设计教学实践

社区

PLINK——儿童友好型社区

马羽佳、黄敏慧、夏姝欣、翁莹楠、王闻

PLINK家长终端　　　　　　　　　　　　　儿童友好型共享终端

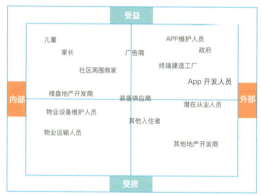

Child-friendly community

PLINK利益相关者地图

利益相关者 \ 希望获得	儿童	家长	物业	物资提供商	社区周围商家	可持续分析
儿童	独立安全地活动	及时适时地帮助	良好的绿化环境 安全的活动场地 有趣的娱乐设施	有趣安全的物资	提供便利	社区拥有针对不同年龄层儿童设计的设施
家长	安全减少负担	减少对儿童的担忧	独立安全地活动	安全的物资	了解提供便利	促进建立家长之间的交流，并一定程度上解决照顾儿童的问题
物业	安全地活动	缴纳物业费 对服务满意	fullfill the task	廉价的物资	安全诚信	通过建立儿童友好型社区进行宣传，并利用不同小区的设施流动降低成本
物资提供商	喜欢并购买产品	喜欢并购买产品	购买并宣传产品	获得经济收益与一定社会效益		利用社区内宣传，直接精准投放广告，获得知名度
社区周围商家	信任了解	信任了解	信任了解		快速被社区居民了解并获得一定信任与知名度	通过举办社区活动，被社区居民了解并信任

使用动机矩阵找到促进系统可持续的实现方式

图 5.10　PLINK——儿童友好型社区（图片来源：马羽佳等人绘制）

在服务的系统地图中，以第三方介入的方式介入现有社区超市系统，整合社区居民、社区超市、其他供应商的信息资源，通过线下超市公告板、模块化可移动空间以及线上平台将信息在用户之间进行传递，准确收集用户特殊需求，精准提供客制化服务与产品，避免零售中的浪费现象。

Co-Mart可买联盟主要通过商业模式创新，打造城市范围内的线下商家联盟平台，为社区居民提供更精准的商品，帮助商家更了解市场情况以应对变化的市场，在这个过程中避免了需求未满足以及需求过满足的情况，也提升了小型经济经营主体适应市场的能力与存活的可能（图5.11）。

5. "青松邦"——为低龄老年人设计的社区互助志愿系统

多数低龄老人在刚退休后，容易产生社会缺失感，让他们的生活再次"忙"起来，是解决这种心理问题的途径之一。让老年人的老年生活继续发光发热，投入志愿服务之中不仅能在一定程度上缓解老年抑郁情况，同时能为社区减压，促进邻里交流。

首先通过桌面调研聚焦设计方向，进行典型用户细分，再对目标人群及其居所进行深入的实地调研，通过观察受访者"典型一天"的形式，结合事件中遇到的各类型触点。在此基础上以老年人再就业为核心进行头脑风暴并整理问题总结核心痛点提出解决方向：老年志愿与互助养老。

在服务流程上，"青松邦"针对低龄老人的志愿互助数字化问题提出了不同维度的服务方案，通过厨艺互助打造温馨社区并进行跨社区厨艺资源整合分配；通过电台聊天拉进精神距离，满足老年人倾诉分享欲望与社交存在需求，同时缓解普通老人的孤独感，增加社区温情感，提升老年人幸福感；通过对老人囤积资源的再利用，如定期回收与公益捐赠等形式，形成良性资源流通。各项功能结合旨在为低龄老年人建立社区轻松帮忙维修互助系统。

"青松邦"服务系统的设计初衷是为了鼓励低龄老年人退休后发挥余热，参与学习志愿维修进行小帮忙，降低沟通门槛，为他们提供一个更为便捷、低门槛的学习渠道和服务渠道，以此促进增强老年人的社会联系感与自我认同感；同时解决社区老年人维修求救无门、耗时长、价格不透明等维修问题，实现社区互助循环，促进积极老龄化，营造互助氛围，实现社区共建与和谐邻里，形成更有凝聚力的弹性社区（图5.12）。

[第五章] 可持续服务设计教学实践

图 5.11 Co-Mart 可买联盟系统设计（图片来源：崔沁茹、张鹏娟、周瑞丹、张婧婧绘制）

服务设计与可持续创新

社区 "青松邦"——为低龄老年人设计的社区互助志愿系统

程诗颖、文静茹、袁宇

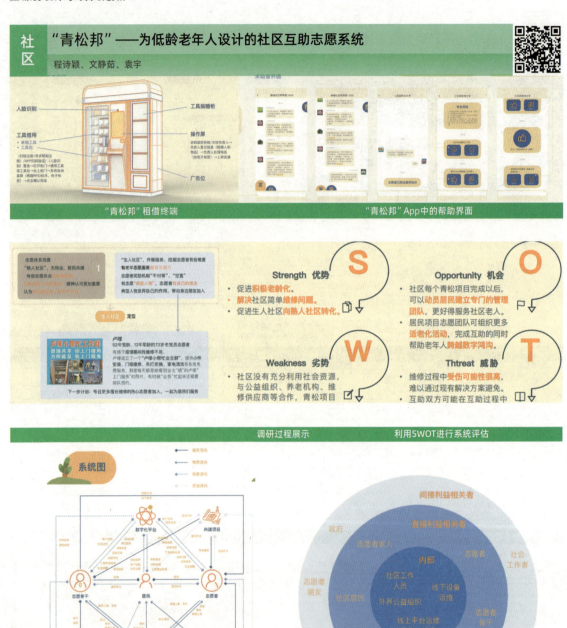

图 5.12 "青松邦"——为低龄老年人设计的社区互助志愿系统（图片来源：程诗颖等人绘制）

6. F ∞ D——社区剩余蔬果回收再利用系统

在食物浪费与食物稀缺并存的未来背景下，我们希望以设计的独特角度从被浪费的食物中发现并创造新的食物来源和其他可利用价值，并将这种可持续的理念和生活方式推广到社区的角角落落。

通过深入的实地调研与用户访谈，了解并且聚焦到了"蔬菜不食用的部分、果皮被直接丢弃浪费的现象，人们没有意识到其利用价值以及由于蔬果品相不好及市场供需变化，商超的部分蔬果滞销浪费，城市垃圾处理中心剩余蔬果的回收利用率低"等现状问题，从"分布式—中心式""产品—系统"两个轴线展开了可持续概念的头脑风暴，并通过 SPSS 的评估方法确定设计方案，希望从被丢弃的食物中发现并且创造价值。

该系统设计以创新型服务流程为导向，通过触点创新"拯救"未被消费的蔬果，具体内容为：收购（当天）社区内超市、菜市场卖剩下的品相不好的蔬菜水果（主要渠道），以及居民个人浪费的蔬菜（如买多剩下的蔬果、做菜时切掉不要的菜根等）及丢掉的果皮（次要渠道）作为原材料，加工处理，制作成食物 3d 打印的材料以及手工制作花瓶等工艺品的材料，再分别通过食品 3d 打印机和人工制作，转化为可食用的蔬果饼干和可家用的花瓶等工艺品。

F ∞ D——社区剩余蔬果回收再利用系统，通过从蔬果浪费中找到新的营养及食物来源和利用方式，借助技术手段和系统经营创造新的价值，探索食物创新的可能性和通过更有效的营销和宣传方式让未来的社区居民更乐于拥抱我们变废为宝的低碳理念，有效地减少了食物浪费，挖掘了新的食物与营养来源，并且倡导了一种可持续理念与生活方式（图 5.13）。

三、服务设计应对复杂社会可持续问题

社会环境相较社区，所涌现的问题更为复杂、抗解。在第三章的内容中，已经从商业、企业、能源与资源、社会、生态环境几个领域介绍了大型组织与企业应对这些复杂问题所开展的服务实践。而在学生作业中，也不乏一些踊跃的身影，积极地介入了更广阔的复杂系统中，探索社会治理与商业模式的可持续路径。例如从公共服务的视角探索服务设计如何应对城市产能问题、又如何提高政府响应突发事件的能力，或从成熟的商业模式与服务流程的视角，通过触点创新探索如何引导景区游客、市民的可持续行为，如何教育培养儿童的环保意

服务设计与可持续创新

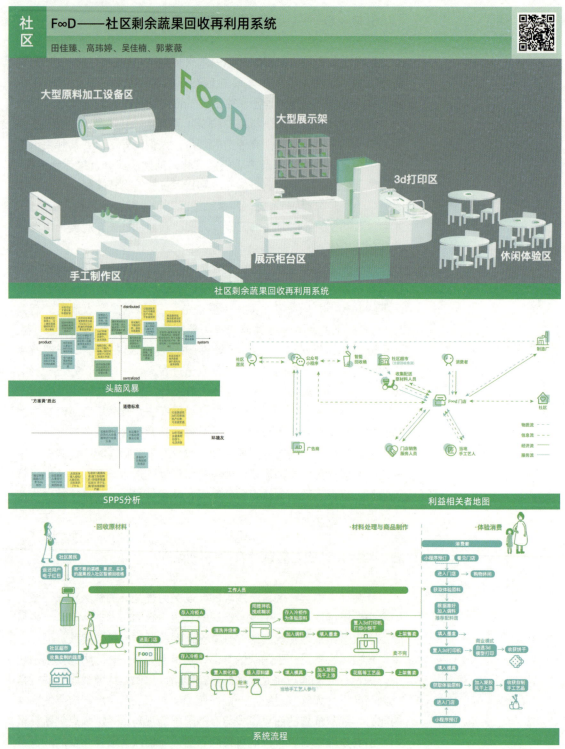

图 5.13　F∞D——社区剩余蔬果回收再利用系统（图片来源：田佳臻等人绘制）

识,又如何保障环卫工人的职业健康与生命安全。由此可以看到,本部分的内容将从更广义的背景与更大规模的社会环境下探索服务设计如何支持系统模式的运营,提升公民的整体素质与福祉(而不像社区层面聚焦于改善邻里关系等针对性的问题),以朝向更可持续的路径发展。

1. 大禹智库 DAYU Think Tank——基于知识共享的高效治理云服务系统

本设计源于在新冠疫情期间的治理体系中的措施制定者与执行者对优秀治理经验的快速获取需求,大禹智库是一套预期由政府主导的数字服务系统,设计针对疫情治理体系中的制定者与执行者,以便让他们及时获取到各地共享的治理经验,从而快速而有效地制定、应用以及快速迭代问题解决方法。

在设计程序中,首先在发散设计方向阶段发散了疫情中的生态系统,又从当下的解决方案、防疫具体措施、管理者等维度入手,了解当下的防疫现状,发现现有工作模式有许多可改进点。

在服务系统的设计上,"大禹智库"给出了更加合理的智库设计方案。如概念旅程图与相应的对比所示,相较于目前的会议召开方式,"大禹智库"给出了线上线下的双轨结合模式,并可结合相关案例进行辅助。在召开会议的同时直接形成措施文档,提高疫情下的办公效率。

"大禹智库"数字服务系统主要针对措施制定者与执行者,辅助他们进行抗疫措施的制定、传达和共享,并且通过建立良好的措施反馈收集渠道,帮助他们及时、有效地改良措施;同时,本系统将这些措施向群众公开,可以增加治理的透明度,从而促进公众对防疫工作的参与和支持。

通过"大禹智库"数字服务系统使得疫情背景下的防控治理更加合理高效,提升了有关部门的响应效率,提升了公共卫生事件等突发社会性事件的应对能力,以保障公众健康与社会安定,尽最大可能减少生命财产损失,保障社会的可持续发展(图5.14)。

2. Glectric 城市绿色能源供应站

城市扩张给城市及其基础设施带来了额外的压力,如今,城市面临的最大负担之一是其对过时电网系统的依赖。Glectric 能源系统旨

服务设计与可持续创新

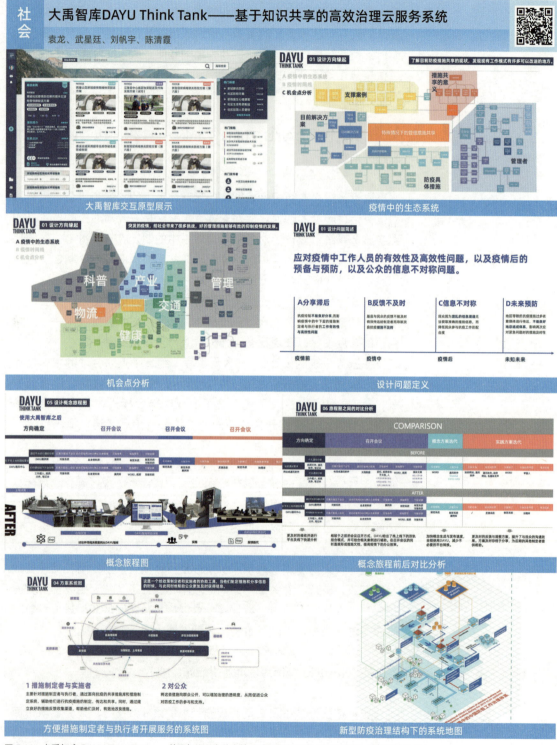

图 5.14 大禹智库 DAYU Think Tank——基于知识共享的高效治理云服务系统（图片来源：袁龙等人绘制）

在构建分布式清洁能源使用模式，通过改造城市公共设施，更好更多地利用城市中的清洁能源。

在概念设计阶段，采用了可持续产品服务系统设计创新地图的工具评估概念设计，选择了偏向于本地化的，获取渠道更开放更可及的"公共站行为引导发电与能源教育""公交站供能共享电池包"等创新概念。随后采用 SET 分析法从社会（Society）、经济（Economy）、技术（Technology）三个维度展开对新能源发电的现状与机会分析，在明确了不可持续的问题后才可以利用设计概念针对性地去应对并改善现状。

该方案的服务模式主要为：以街道为单位，对区域内产生的绿色能源进行集中收集，形成去中心化分布式的能源站点，再根据各个公共设施的具体规划进行能源供给。触点创新性在于雨水发电、用户参与式手摇发电、用户重力发电等能源可以用于为共享单车供能、为智慧科普屏供能、为乘客手机供能、为城市道路的路灯供能；而在商业画布上体现了如何支持该能源服务系统运作——为共享单车企业提供能源的同时，让该企业投放共享单车到 Glectric 公交站，吸引人流。

Glectric 能源系统很重要的一点在于利用公共的资源扩大影响力，充分发挥了市民等车时间的空闲价值，引导市民参与城市的新能源发电，并开展科普教育，深化对新能源利用的感受。Glectric 能源系统通过分布式的路灯、公交车站的再设计，扩大了城市获取清洁能源的途径，让能源去向可以及时对接 B、C 端需求（图 5.15）。

3. Rebike——共享单车回收及再利用系统

近年来报废的共享单车越来越多，然而单车回收在国内仍处于起步状态，只有负责资源回收的公司而没有负责专门单车循环利用的企业或者系统，对于完全报废的单车目前只有工业处理。Rebike——共享单车回收及再利用系统希望通过系统拆解以及回收部件分类处理的方式推动废旧自行车循环再生利用。

在前期分析阶段，设计团队进行了单车拆解实验，并前往当地多处共享单车仓库进行调研。根据调研和实验结果归纳出部件损耗的难易程度，根据其使用年限进行了归类，并从回收价值和回收效率两个维度制定了部件去向建议。

在基于回收站的服务系统设计中，系统地图中整合了资源再利用公司，让本公司拆解废旧共享单车所获得的可回收资源例如橡胶、金

服务设计与可持续创新

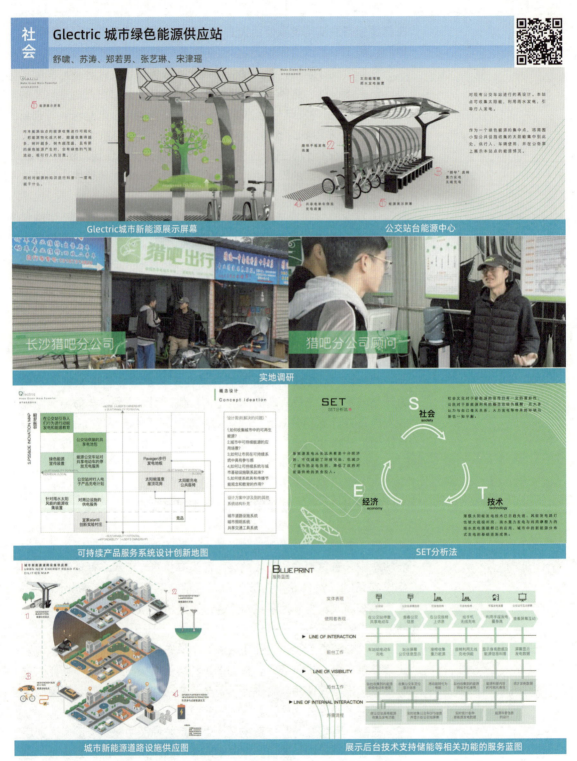

图 5.15 Glectric 城市新能源展示屏幕（图片来源：舒啸、苏涛、郑若男、张艺琳、宋津瑶绘制）

属等材料可以被重新利用，而拆解后完好的有效零件例如车架、智能车锁等结构将返还共享单车公司，实现模块化部件的循环利用；而在客户群体上，进一步细分了加工为创意产品所针对的用户群体，有利于保障拆解部件的再利用去向。

Rebike 共享单车回收及再利用系统是一个十分环境友好的设计，通过对废旧共享单车零件的再利用提升了废弃零件社会价值及利用率。与此同时，利用低廉的成本原件打造出的实用美观可组装的家居及公共设施设计也将起到社会的正面宣传作用，进而引导更多了解到二次利用产品背后故事的公众投身于社会可持续发展事业（图 5.16）。

4. 清佑——为环卫工人而设计的产品服务系统

环卫工人工作现状：人身生命安全难以保障；工作强度大，身体健康状况不容乐观；城市道路机械化清扫率低；城市基础设施建设有缺陷；环卫工人清洁工具亟待改善；职业健康防护意识有待提高；锋利垃圾处理不到位。设计团队希望通过设计一套产品服务系统，提升环卫工人的工作效率，保障他们的人身安全，完善城市垃圾处理系统。

在设计程序上，要保障环卫工人的生命安全与职业健康，实地调研了环卫工人的工作环境与状况，了解到由于长期在户外工作，导致大多数患有风湿疾病与关节损伤等问题。并且在实际的工作流程中，在工具的使用上、护具的穿着上都具有不便之处，影响着环卫工人的工作与健康。

该服务系统重新设计了清洁用具与防护工作服，让清理垃圾的过程更符合人体工学，也更引人注目，避免了交通事故的发生，在触点设计之外还构建了与环卫公司、环卫工人、政府联动的服务方式，"清佑"公司提供清洁工具产品的售卖、维修和产品使用、环卫职业培训等服务，为需要更好工作体验的环卫工人、需要更高工作效益的环卫公司和需要更高清洁要求的政府部门提供综合性系统服务。

本设计作品立足于对城市环卫垃圾处理系统的关心，着眼环卫工人群体，通过政府、环卫公司等点多利益相关者的配合，希望用一个更加完善的产品服务系统优化他们的日常工作，使他们在操作过程中能够更加安全、高效、省力、简便、干净，给环卫工人以保护和帮助，保障其基本的生命安全与职业健康（图 5.17）。

服务设计与可持续创新

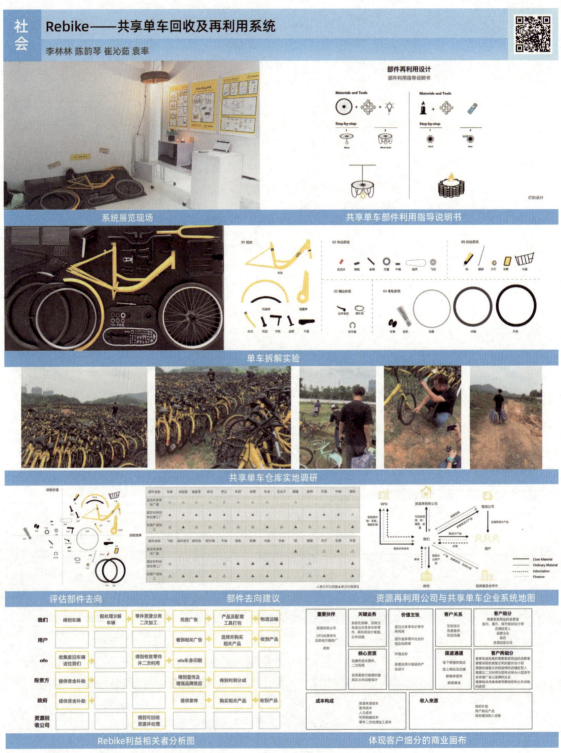

图 5.16　Rebike——共享单车回收及再利用系统（图片来源：李林林、陈韵琴、崔沁茹、袁率绘制）

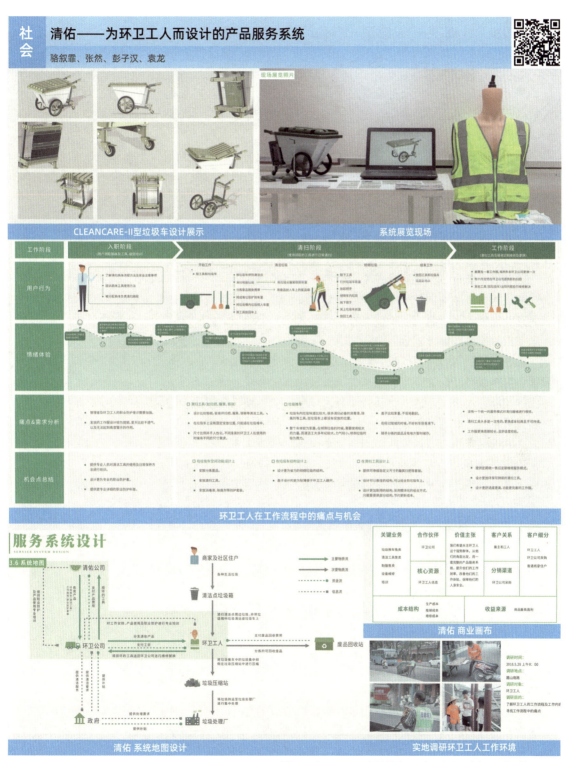

图 5.17 清佑——为环卫工人而设计的产品服务系统（图片来源：袁龙等人绘制）

5. Dai Dai / 带袋——山岳型风景区垃圾回收解决方案

近年来，旅游垃圾已给景区的自然景观、人文景观带来严重破坏，成为制约旅游目的地及各类景区可持续发展的重要因素。带袋是该背景下的一个新型垃圾收运系统，目的是有效维持景区清洁，减轻景区旺季垃圾处理负荷和景区人力成本。

在设计程序中的概念评估阶段，为了实现垃圾的有效管理与游客可持续行为的引导，决定采用奖惩机制鼓励游客清理自己的垃圾，并考虑在人流量较大的情况下根据景区因地制宜的特征及时对垃圾进行清运。

本方案主要采用垃圾回收的服务流程创新来实现生态可持续，设计一个针对既有景区现有装置的通过向游客提供景区特制垃圾袋、垃圾处理装置和缆车垃圾运输模式的新型垃圾收运系统。

在服务系统中的重要触点——集中站主要包含以下服务功能：垃圾丢弃处需要游客特制垃圾袋按照种类分别丢在相应垃圾口内；挂在传送带上的未分类垃圾袋会运输到站内。

通过"带袋"山岳型风景区垃圾回收解决方案，清洁人员的垃圾清理负荷得以减轻，并获得了缆车的免费使用权；参观游客体验了更环保的垃圾袋垃圾处理方式，获得了景区纪念品的兑换机会以及以垃圾袋为凭证的免费观光车乘坐机会，潜在增强了环保可持续意识。总而言之，该服务系统将景区成熟的商业型服务、设施优势（利用空载缆车的资源）与可持续创新结合，引导、规范用户的垃圾丢弃行为，实现了高效的废弃物管理以发展更健康良好的景区环境（图5.18）。

6. PLAN 普绿——儿童种植教育科普系统

近年来，儿童对植物生命意识淡薄，自然教育缺乏，针对此问题我们设计了儿童种植教育科普系统。该系统通过技术将植物的一些生命现象可视化，使孩子们认识到每一株植物都是活生生的存在，增强植物与孩子的互动性，从而激发孩子们对种植的热情。

在设计程序中的概念评估阶段，采用 SPSS 评估方案，从环境友好程度与社会道德程度两个维度展开评估，并由此确定了更环保更易种植的，并能真正带来教育价值的服务方案。

在服务系统中，以儿童种植科普教育为核心目的与核心利益，主要通过商业模式的运作为有儿童的家庭提供种植设备、种植体验服务等，并通过与学校、花卉市场多方合作的利益模式搭建教育平台，保

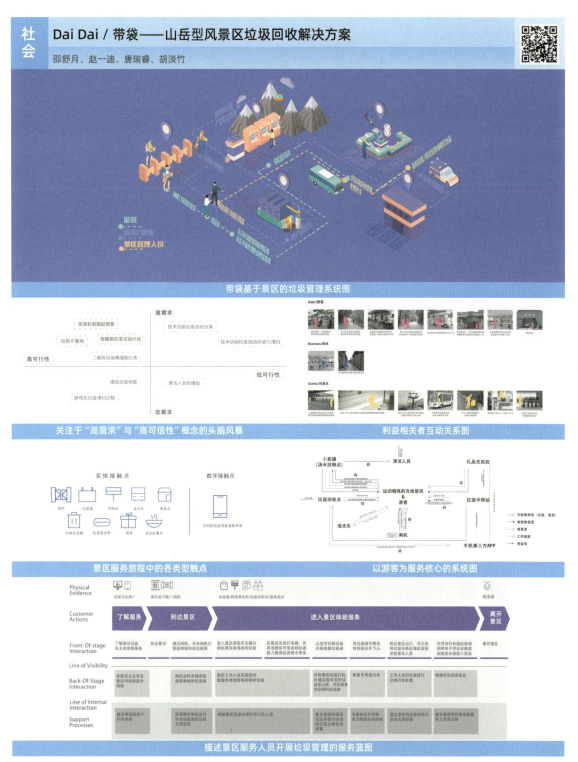

图 5.18 Dai Dai / 带袋——山岳型风景区垃圾回收解决方案（图片来源：邵舒月等人绘制）

障教育水准与儿童的学习成效。

　　该系统通过植物智能种植装置与植物游戏 App 的线上线下的联动，让儿童在玩的过程中培养对植物的关照，植物装置操作简便，造型可爱，亲近儿童；植物 App 能教会儿童关于植物的知识并带有娱乐性、社交性、互动性。将植物的生命现象可视化与拟人化，使孩子们认识到每一株植物都是活生生的，增强植物与孩子的互动性，从而激发对种植的热情。这种情感化拟人设计帮助儿童认知植物生长的整个生命历程，最终达到培养儿童热爱生命、保护环境、热爱自然的意识的目的，使儿童得到适龄的自然教育，有助于培养更有可持续意识与环境保护责任感的下一代（图 5.19）。

结课作业

　　可持续服务创新设计（4~5 人一组）：

　　参考本章学生作业案例的思路和视角，从日常生活中和社会范围内的不可持续现象入手，基于服务设计的双钻模型合理使用可持续创新方法，开展桌面与实地调研（观察、访谈等方式），分析其中各类利益相关者的痛点与需求，提出可持续设计期望与目标，运用服务设计思维提出系统性解决方案，产出 Gigamapping、服务蓝图、系统图、利益相关者地图表达可持续理念，完成设计报告、概念视频、设计展板。

[第五章] 可持续服务设计教学实践

社会

PLAN普绿——儿童种植教育科普系统

王博瑾、陈瑜川、郭淮柳、侯诏榕、梁爽

多种配色方案

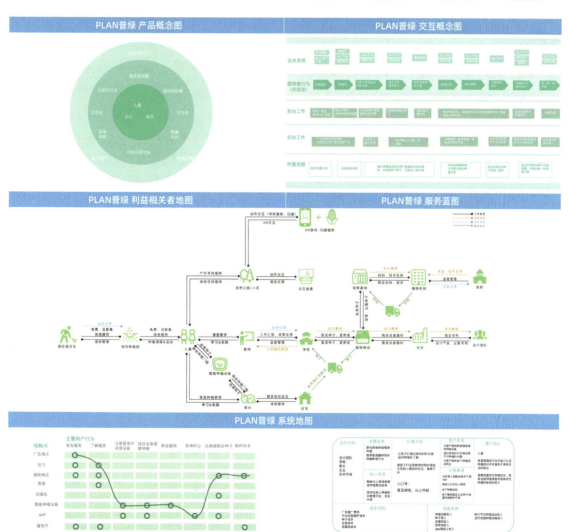

图 5.19　PLAN 普绿——儿童种植教育科普系统（图片来源：王博瑾、陈瑜川、郭淮柳、侯诏榕、梁爽绘制）

— 153 —

参考文献

第一章

[1] 刘新，张军，钟芳. 可持续设计 [M]. 北京：清华大学出版社，2022.

[2] Kate Raworth. Why it's time for Doughnut Economics[J]. IPPR Progressive Review，2017，24（3）.

[3] 李涛，岳兴懋，范例. 赫尔曼·戴利及其生态经济理论评述 [J]. 中国人口·资源与环境，2006（02）：27-31.

[4] Boehnert J. Transition Design and Ecological Thought[J]. Cuaderno de Economia，2018，73（73）：133-148.

[5] 陈学明. 资本逻辑与生态危机 [J]. 中国社会科学，2012（11）：4-23+203.

[6] 郝栋. 习近平生态文明建设思想的理论解读与时代发展 [J]. 科学社会主义，2019（01）：84-90.

[7] 徐水华，陈璇. 习近平生态思想的多维解读[J]. 求实，2014（11）：16-21.

[8] 刘贺. 当代世界社会主义的生态化研究 [D]. 北京：中共中央党校，2014.

[9] 周立华，刘洋. 中国生态建设的回顾与展望 [J/OL]. 生态学报，2021（08）：1-9

[10] 黄晶. 从21世纪议程到2030议程——中国可持续发展战略实施历程回顾 [J]. 可持续发展经济导刊，2019（Z2）：14-16.

[11] 牛文元. 生态文明与绿色发展 [J]. 青海科技，2012（04）：40-43.

[12] 吴瑾菁，祝黄河. "五位一体"视域下的生态文明建设 [J]. 马克思主义与现实，2013（01）：157-162.

[13] 司马贺. 人工科学：复杂性面面观 [M]. 上海：上海科技教育出版社，2004.

[14] 刘新. 可持续设计的观念、发展与实践[J]. 创意与设计，2010，002：36-39.

[15] 维克多·帕帕纳克，绿色律令——设计与建筑中的生态学和伦理学 [M]. 北京：中信出版社，2013.

[16] 麦克哈格. 设计结合自然 [M]. 北京：中国建筑工业出版社，1992.

[17] 汤姆·拉斯. 可持续性与设计伦理 [M]. 徐春美，译. 重庆：重庆大学出版社，2016，11.

[18] 周博. 维克多·帕帕奈克与绿色设计的思想传统 [C]. 设计学研究·2015：同济大学设计创意学院，2016：155-169.

[19] Burall P. Green design[M]. Gower Publishing Company，Limited，1991.

[20] Vezzoli C，Manzini E. Design for environmental sustainability[M]. London：Springer，2008.

[21] Madge，P. Ecological Design：A New Critique. Design Issues，1997.13（2），44-54.

[22] Gaziulusoy，A. I.，& Brezet，H. Design for system innovations and transitions：a conceptual framework integrating insights from sustainablity science and theories of system innovations and transitions. Journal of Cleaner Production，2015.108，558-568.

[23] （英）安妮切克. 可持续设计变革 [M]. 张军，译. 长沙：湖南大学出版社，2012.

[24] 陆钟武 对工业生态学的思考 [J]. 环境保护与循环经济，2010，30（02）：4-6.

[25] Brezet H. Dynamics in ecodesign practice[J]. INDUSTRY AND ENVIRONMENT，1997，20：21-24.

[26] Henderson R M，Clark K B. Architectural innovation：The reconfiguration of existing product technologies and the failure of established firms[J]. Administrative science quarterly，1990：9-30.

[27] Vezzoli，C. System Design for Sustainability. Theory，Methods and Tools for a Sustainable "satisfaction-system" Design. Rimini，Italy：Maggioli Editore.2007.

[28] Vezzoli，C.，Kohtala，C.，Srinivasan，A.，Xin，L.，Fusakul，M.，Sateesh，D.，et al. Product-Service System Design for Sustainability. Sheffield，UK：Greenleaf Publishing. 2014.

[29] Mont O. Clarifying the concept of product-service system[J]. Journal of cleaner production，2002，10（3）：237-245.

[30] Manzini E，Vezzoli C A. Product-service systems and sustainability：Opportunities for sustainable solutions [M]. UNEP-United Nations Environment Program，2002.

[31] Manzini E，Vezzoli C，Clark G. Product-service systems：using an existing concept as a new approach to sustainability[J]. Journal of Design Research，2001，1（2）：27-40.

[32] Kramer M R，Porter M. Creating shared value[M]. FSG，2011.

[33] Manzini E，Vezzoli C. A strategic design approach to develop sustainable product service systems：examples taken from the 'environmentally friendly innovation' Italian prize[J]. Journal of cleaner production，2003，11（8）：851-857.

[34] Fabrizio Ceschin and Idil Gaziulusoy. Design for sustainability：a Multi-level

Framework from Products to Socio-technical systems[M]. Routledge. 2020.

[35] Irwin T. Transition design: A proposal for a new area of design practice, study, and research[J]. Design and Culture, 2015, 7（2）: 229-246.

[36] Ceschin F, Gaziulusoy I. Evolution of design for sustainability: From product design to design for system innovations and transitions[J]. Design Studies, 2016, 47: 118-163.

[37] （意）埃左·曼奇尼. 日常的政治——韧性社会的生活项目 [M]. 钟芳, 译. 南京: 江苏凤凰美术出版社, 2020.

[38] Orr D. The political economy of design in a hotter time[J]. Routledge handbook of sustainable design, 2018: 3-10.

第二章

[1] 高颖. 可持续发展视野下的现代设计思考 [J]. 文艺研究, 2013（11）: 148-150.

[2] 高颖. 从公共服务视角谈服务设计的价值 [J]. 新美术, 2015, 36（04）: 84-90.

[3] 赵世宽. 基于服务设计思维的可持续社区设计方法研究 [D]. 长沙: 湖南大学, 2019.

[4] 高颖. 基于体验价值维度的服务设计创新研究 [D]. 杭州: 中国美术学院, 2017.

[5] 王国胜. 服务设计与创新 [M]. 北京: 中国建筑工业出版社, 2015.

[6] （德）宝莱恩,（挪）乐维亚,（英）里森. 服务设计与创新实践 [M]. 北京: 清华大学出版社, 2015.

[7] 王国胜. 触点服务设计的全球语境 [M]. 北京: 人民邮电出版社, 2016.

[8] ELIANA RIGGI J F, LINEKE WANG SCHRIJVER, MARIE SOPHIE MAYER AND YUNXIAO LONG. FINAL UN 2023 Water Conference Stakeholder Online Consultation report [R], 2022.

[9] Calabrese, Armando; Castaldi, Carolina; Forte, Giampiero; Levialdi, Nathan Ghiron. Sustainability-oriented Service Innovation: An emerging research field. Journal of Cleaner Production, 2018.

[10] Corsini, L.; Moultrie, J. What Is Design for Social Sustainability? A Systematic Literature Review for Designers of Product-Service Systems. Sustainability 2021, 13: 5963.

[11] Fernandes, SÃ¢nia da Costa; Pigosso, Daniela C.A.; McAloone, Tim C.; Rozenfeld, Henrique. Towards product-service system oriented to circular economy: A systematic review of value proposition design approaches. Journal of Cleaner Production, 2020:（257）.

[12] Jorge Sierra-Pérez; Jorge Grenha Teixeira; Carlos Romero-Piqueras; Lia Patrício;（2021）. Designing sustainable services with the ECO-Service design method: Bridging user experience with environmental performance. Journal of

Cleaner Production, 2020.

[13] Stickdorn, M., Hormess, M. E., Lawrence, A., & Schneider, J. *This is service design doing: applying service design thinking in the real world.* "O'Reilly Media, Inc.", 2018.

[14] 丁熊，陈海玲."产品—社会"服务系统创新：基于GiveMeTap项目的可持续设计思考．装饰，2020（01），36-41．

[15] 赵江洪，赵丹华，顾方舟．设计研究：回顾与反思[J]．装饰，2019（10）：24-28．

[16] 黑川雅之．世纪设计提案：设计的未来考古学[M]．上海：上海人民美术出版社，2003．

第三章

[1] 马可，何人可，张军，高梦．应用于分布式食物生产的可持续产品服务系统设计研究[J]．包装工程，2021，42（14）：164-170+200．

[2] 张军，赵一亭．可持续导向的传统村落旅游服务系统设计研究——以阿者科为例[J]．生态经济，2019，35（12）：222-229．

[3] Weaving people and places: art and design for resilient communities. *She Ji: The Journal of Design, Economics, and Innovation*, 4（1），1-10.

[4] 瓶行宇宙．免费补水助力非洲[J]．中国社会组织，2016（14）：5．

[5] 丁熊，陈海玲."产品—社会"服务系统创新：基于GiveMeTap项目的可持续设计思考[J]．装饰，2022（01）：36-41．

第四章

[1] 赵世宽．基于服务设计思维的可持续社区设计方法研究[D]．长沙：湖南大学，2019．

[2] 马可，何人可，张军，高梦．应用于分布式食物生产的可持续产品服务系统设计研究[J]．包装工程，2021，42（14）：164-170+200．

[3] 刘珂，王秀洁，宗威．心血管检测与监控可持续产品服务系统设计研究[J]．工业设计，2020（08）：61-63．

[4] Munoz Lopez, N., Santolaya Saenz, J. L., Biedermann, A., & Serrano Tierz, A.（2020）. Sustainability assessment of product-service systems using flows between systems approach. Sustainability, 12（8），3415.

[5] 张军，赵一亭．可持续导向的传统村落旅游服务系统设计研究——以阿者科为例[J]．生态经济，2019，35（12）：222-229．

[6] 巩淼森，杨梓，郑彬彬，张雳．社区营造中的共创机制与交互关系[J]．中国艺术，2019（04）：76-85．

[7] Scafà, M., Carbonari, S., Papetti, A., Rossi, M., & Germani, M.（2018）.

A new method for Product Service System: The case of urban waste management. Procedia CIRP, 73, 67-72.

[8] Emili, S., Ceschin, F., & Harrison, D. (2016). Product-Service System applied to Distributed Renewable Energy: A classification system, 15 archetypal models and a strategic design tool. Energy for Sustainable Development, 32, 71-98.

[9] Mazzarella, F., Mitchell, V., & Escobar-Tello, C. (2017). Crafting sustainable futures. The value of the service designer in activating meaningful social innovation from within textile artisan communities. The Design Journal, 20 (sup1), S2935-S2950.

[10] da Costa Fernandes, S., Pigosso, D. C., McAloone, T. C., & Rozenfeld, H. (2020). Towards product-service system oriented to circular economy: A systematic review of value proposition design approaches. Journal of Cleaner Production, 257, 120507.

[11] Hüer, Lucas; Hagen, Simon; Thomas, Oliver; Pfisterer, Hans-Jürgen (2018). Impacts of Product-Service Systems on Sustainability-A structured Literature Review. Procedia CIRP, 73, 228–234. doi: 10.1016/j.procir.2018.04.014.

[12] Sierra-Pérez, J., Teixeira, J. G., Romero-Piqueras, C., & Patrício, L. (2021). Designing sustainable services with the ECO-Service design method: Bridging user experience with environmental performance. Journal of Cleaner Production, 305, 127228.

[13] Carlo V., Ezio M.: Design for Environmental Sustainability. Springer-Verlag, London (2008).

[14] Vezzoli C, Manzini E. Design for environmental sustainability[M]. London: Springer-Verlag London Limited, 2008.

[15] 迪特里希·德尔纳将"目标"分成积极的或者消极的；一般的或者特殊的；清楚的或者含糊的；简单的或者多重的；隐式的或者显式的。详见 [德] 迪特里希·德尔纳. 失败的逻辑 [M]. 王志刚, 译. 上海：上海科技教育出版社, 1999: 46.

[16] Yeang, K., & Woo, L. (2010). Dictionary of ecodesign: an illustrated reference. Routledge.

[17] Meng G, Vezzoli C. Visualising Stakeholder Configurations In Designing Sustainable Product-Service Systems (S. PSS) Applied To Distributed Economies (DE): A New Stakeholder System Map For S. PSS&DE[M]//Designing sustainability for All. Polidesign edizioni, 2019: 239-244.

后　记

这本《服务设计与可持续创新》的编写初衷来源于多年从事服务设计、可持续设计研究和教学一线的经验、发现和心得体会，尤其是深深感受到只有将服务设计与可持续发展目标这两个系统性话题相结合，才能为服务设计教学确立合理的方向和价值观，找到赋能实现一个更可持续未来的潜在能力。人类当下和未来的生存，仍然面临日益紧迫的环境危机、社会发展挑战和不确定性，必须承认可持续性正成为塑造未来的关键因素。在这个背景下，希望通过本书的内容，传达出服务设计在推动可持续创新方面的重要性和潜力。我们同时相信服务设计可以成为一种必不可少的创新能力，引领着我们走向可持续的创新与发展。

本书以可持续的概念和发展为出发点，深入探讨可持续性创新的概念和服务设计的基本原理。通过书中的章节，我们一步步引导读者了解可持续性的概念、发展历程以及联合国可持续发展目标（SDGs）的重要性。我们强调了可持续性创新的关键，并阐述了如何将可持续性理念融入服务设计的核心。无论是基于生态反思的可持续设计，还是产品服务系统与服务设计的创新模式，本书为读者提供了丰富的案例分析和实践方法，助其更好地理解和应用服务设计的可持续性价值。因此，本书提出了服务设计在实现可持续创新方面的重要地位，并在放眼全球成功案例（第三章）的同时，回归实践课堂（第四、第五章），以激发读者的变革意识，发挥年轻新秀的可持续创造力。

书中每一章节中的案例都充满了灵感和启示，我们介绍了不同行业和领域中的服务设计实践，从交通出行到金融、从零售到健康医疗，每个案例都展示了服务设计在解决现实问题和推动可持续发展方面的独特贡献。这些案例不仅是成功的典范，更激励我们思考如何通过创新的服务设计来建设一个更加美好和可持续的社会。这些来自全球范围内不同领域和行业中的创新设计案例强调了服务设计在商业、企业、能源资源、社会、环境等方面的实践，并阐述了它们对经济、社会和环境的积极影响。

本书还提供了可以应用于服务设计流程的可持续创新方法、评估指标，这些内容将帮助读者在实践中应对复杂的挑战，将可持续性理念融入服务设计的全过程，并培养创新思维和可持续发展的意识。通过学习本书的内容，读者将理解如何将可持续性问题转化为服务设计目标，并化愿景为行动，从洞察身边现象做起，运用合适的方法工具来推动可持续创新，构筑满足商业、社会、环境可持续要求的系统性解决方案。

最后，非常感谢所有参与和为本书编写提供支持的朋友，尤其是王定轩、魏佳欣和董浩宇等团队研究生同学，以及参与相关课程并产出优秀设计概念的往届同学们；希望本书能够为服务设计和可持续创新领域的学习者和从业者提供有价值的知识和启示，在服务设计的思考和实践中引入可持续性思维和价值观，借助服务设计的整合力量赋能并促进可持续创新的实现，共同构建一个更加可持续的未来。

希望本书能够激发读者对服务设计和可持续创新的兴趣，启发读者在实践中探索更多可能性，并共同努力为可持续发展的目标而奋斗。衷心祝愿大家在服务设计和可持续创新的道路上取得更多的成果，为建设美好社会作出积极贡献！

以上，
与读者共勉

张军
2023 年 6 月于长沙岳麓山下